novas buscas
em educação

VOL. 2

Dados Internacionais de Catalogação na Publicação (CIP)
(Câmara Brasileira do Livro, SP, Brasil)

Slade, Peter.
   O jogo dramático infantil / Peter Slade ; [tradução de Tatiana Belinky ; direção de edição de Fanny Abramovich]. – São Paulo : Summus, 1978.
   (Novas buscas em educação ; v. 2)

   ISBN 978-85-323-0090-4

   1. Teatro escolar 2. Teatro infantil 3. Teatro na educação I. Título.

                                                CDD-371.332
78-1266   -792-0226

Índices para catálogo sistemático:

1. Teatro escolar : Educação   371.332
2. Teatro infantil : Artes   792.0226
3. Teatro na educação : Métodos de ensino 371.332

Compre em lugar de fotocopiar.
Cada real que você dá por um livro recompensa seus autores
e os convida a produzir mais sobre o tema;
incentiva seus editores a encomendar, traduzir e publicar
outras obras sobre o assunto;
e paga aos livreiros por estocar e levar até você livros
para a sua informação e o seu entretenimento.
Cada real que você dá pela fotocópia não autorizada de um livro
financia o crime
e ajuda a matar a produção intelectual de seu país.

O jogo dramático infantil

Peter Slade

summus
editorial

Do original em língua inglesa
AN INTRODUCTION TO CHILD DRAMA
Copyright © 1958 by Peter Slade
Direitos desta tradução adquiridos por Summus Editorial

Tradução: **Tatiana Belinky**
Revisão técnica: **Edith Derdyk**
Direção da coleção: **Fanny Abramovich**

Summus Editorial

Departamento editorial
Rua Itapicuru, 613 – 7º andar
05006-000 – São Paulo – SP
Fone: (11) 3872-3322
http://www.summus.com.br
e-mail: summus@summus.com.br

Atendimento ao consumidor
Summus Editorial
Fone: (11) 3865-9890

Vendas por atacado
Fone: (11) 3873-8638
e-mail: vendas@summus.com.br

Impresso no Brasil

NOVAS BUSCAS EM EDUCAÇÃO

Esta coleção está preocupada fundamentalmente com um aluno vivo, inquieto e participante; com um professor que não tema suas próprias dúvidas; e com uma escola aberta, viva, posta no mundo e ciente de que estamos chegando ao século XXI. Neste sentido, é preciso repensar o processo educacional. É preciso preparar a pessoa para a vida e não para o mero acúmulo de informações. A postura acadêmica do professor não está garantindo maior mobilidade à agilidade do aluno (tenha ele a idade que tiver). Assim, é preciso trabalhar o aluno como uma pessoa inteira, com sua afetividade, suas percepções, sua expressão, seus sentidos, sua crítica, sua criatividade...

Algo deve ser feito para que o aluno possa ampliar seus referenciais do mundo e trabalhar, simultaneamente, com todas as linguagens (escrita, sonora, dramática, cinematográfica, corporal etc.).

A derrubada dos muros da escola poderá integrar a educação ao espaço vivificante do mundo e ajudará o aluno a construir sua própria visão do universo.

É fundamental que se questione mais sobre educação. Para isto, deve-se estar mais aberto, mais inquieto, mais vivo, mais poroso, mais ligado, refletindo sobre o nosso cotidiano pedagógico e se perguntando sobre o seu futuro.

É necessário nos instrumentarmos com os processos vividos pelos outros educadores como contraponto aos nossos, tomarmos contato com experiências mais antigas mas que permanecem inquietantes, pesquisarmos o que vem se propondo em termos de educação (dentro e fora da escola) no Brasil e no mundo.

A coleção *Novas Buscas em Educação* pretende ajudar a repensar velhos problemas ou novas dúvidas, que coloquem num outro prisma preocupações irresolvidas de todos aqueles envolvidos em educação: pais, educadores, estudantes, comunicadores, psicólogos, fonoaudiólogos, assistentes sociais e, sobretudo, professores... Pretende servir a todos aqueles que saibam que o único compromisso do educador é com a dinâmica e que uma postura estática é a garantia do não-crescimento daquele a quem se propõe educar.

ÍNDICE

APRESENTAÇÃO DA EDIÇÃO BRASILEIRA, 9

APRESENTAÇÃO, 11

PREFÁCIO, 15

I — PRINCÍPIOS GERAIS, 17

II — O QUE OS PAIS PODEM FAZER PARA AJUDAR, 25

III — O QUE FAZER COM CRIANÇAS NOS PRIMEIROS ANOS DE VIDA, 35

IV — O QUE FAZER COM CRIANÇAS DO PRIMÁRIO (DA 1ª à 4ª SÉRIE), 45

V — O QUE FAZER COM PRÉ-ADOLESCENTES (DA 5ª à 8ª SÉRIE), 65

VI — PERGUNTAS E RESPOSTAS, 93

APRESENTAÇÃO DA EDIÇÃO BRASILEIRA

Desde a instituição da Lei tornando obrigatório o ensino da Educação Artística na escola, em primeiro e segundo graus, muita confusão se estabeleceu entre diretores, coordenadores e sobretudo professores. Poucas, para não dizer pouquíssimas, seriam as pessoas capazes de enfrentar o ensino polivalente exigido para todo o primeiro grau. Havia professores de música e também de artes plásticas, mesmo que às vezes fossem remanescentes dos antigos trabalhos manuais; mas na área de Artes Cênicas (teatro) aí é que a coisa ficava realmente complicada.

São sabidos casos e mais casos de professores das matérias mais diversas como física, matemática, história, sem contar naturalmente o português que se viam de repente escolhidos pelo Diretor da escola para darem Educação Artística. Muitos conseguiam uma transferência, outros eram obrigados a enfrentar a situação, naturalmente com resultados que evidentemente só poderiam deixar a desejar.

A Escolinha de Arte do Brasil vinha já há alguns anos preparando turmas de professores de diversos estados para o ensino da Educação Através da Arte. Com a implantação da Lei, o Serviço Nacional de Teatro, sob a direção de Orlando Miranda, resolveu, a fim de melhorar um pouco a situação, contratar alguns especialistas em Teatro na Educação e ministrar cursos intensivos, com a colaboração das Secretarias de Educação de diversos Estados, com o objetivo de dar aos professores que estavam trabalhando na área alguma base para desenvolver um trabalho eficiente e que se baseasse nos conceitos mais avançados de Teatro na Educação e fugisse da idéia errônea de montagem de pecinhas com as crianças ou a organização de festinhas para comemorar datas cívicas.

Dezenas desses cursos foram realizados pelo Brasil todo e o programa que inicialmente se propunha a um curso de iniciação com sessenta horas/

9

aula foi se desenvolvendo, devido às necessidades, para mais dois cursos de Complementação, cada um dos quais com mais sessenta horas.

A esta altura, eram pouquíssimas as escolas que ofereciam Cursos de Licenciatura em curta ou plena duração em Educação Artística que são legalmente os únicos que podem preparar professores para a árdua tarefa.

A situação mudou um pouco. Já há mais gente com uma noção mais exata do que deve ser o ensino, se é que essa palavra é a ideal — melhor seria dizer a orientação do trabalho de arte com os jovens. Mas que estamos muito longe do ideal isso é coisa absolutamente certa.

A figura do professor de Educação Artística é muito especial, não pode ser jamais um simples transmissor de informações, tem que ser pessoa com sensibilidade e vocação para fazer desabrochar no jovem o gosto pela arte, não em termos profissionalizantes, mas em termos de toda uma abertura para sua vida futura qualquer que venha a ser a profissão que escolha. A primeira dificuldade para conseguir essas pessoas é o salário que lhes é oferecido. (Aqui, simplesmente como informação de julho de 1978, na cidade de Recife, um professor licenciado em outra disciplina, mas que por questões de vocação, gosto pessoal ou preparo no assunto, dê aulas de Educação Artística, recebe apenas Cr\$ 15,00 por hora/aula).

A segunda dificuldade está no fato da carência de professores mesmo para as disciplinas consideradas básicas, o que torna quase um luxo a contratação de um professor de Educação Artística.

Mas, de qualquer forma, o caminho está aberto e é preciso esperar que cada dia seja maior o número de pessoas capazes de se encarregarem dessa tarefa vital para a preparação dos homens de amanhã.

A bibliografia em português é mais do que escassa, daí então a grande importância desse livro de Peter Slade que traz uma visão seguríssima do problema, extrapolando inclusive o campo limitado dos professores, porque tem início com o "jogo", a brincadeira da criança, quando ainda nem em fase escolar, dando conselhos a pais e mães da maior importância. Daí prossegue ele, acompanhando o desenvolvimento da criança desde o pré-primário até a adolescência, sem dar receitas, mas abordando o assunto com tal clareza e simplicidade que não pode haver quem, ao ler, não perceba como pode encaminhar seu trabalho em favor do jovem e para sua própria gratificação.

ROBERTO DE CLETO
Professor Titular de Artes Cênicas e Interpretação
do Centro de Artes da FEFIERJ

APRESENTAÇÃO

Em sua obra maior, *Child Drama*, o Sr. Slade nos ofereceu um estudo analítico do drama criativo no qual crianças, quando não tolhidas pelos adultos, podem encontrar auto-expressão e assim procurar atingir o pleno desenvolvimento de sua personalidade. Esse valioso livro tem sido amplamente lido e discutido por professores, tanto na Inglaterra como no Exterior. Neste livro, *O Jogo Dramático Infantil*, todos os princípios fundamentais dos métodos do Sr. Slade são mostrados com clareza, simplicidade e abundante ilustração prática. É uma excelente exposição do assunto e sem dúvida aguçará o apetite do leitor para explorá-lo mais a fundo no livro maior.

Para muitos professores experientes, com conhecimento de crianças e de drama, boa parte dos assuntos focalizados já será conhecida; mas mesmo eles encontrarão estímulo e reforço nestas páginas. Para o professor jovem e para aquele que não confia na própria percepção imaginativa, este livro será de um valor inestimável.

O Sr. Slade escreve com base em vasta experiência e paciente observação de crianças. Sua abordagem é analítica, mas sua atitude no decorrer do livro é permeada de cálida simpatia e humanidade, e as palavras "amor" e "deleite" ocorrem com freqüência. Acho especialmente interessante o que o autor tem a dizer sobre a relação entre o drama (jogo dramático) infantil e arte infantil; e seus conselhos aos pais deverão ser de especial valor.

Tive oportunidade de assistir a um pouco do trabalho realizado em escolas Pré-Primárias, Primárias e Secundárias modernas por professores que estudaram com o Sr. Slade, e não resta dúvida de que o método "funciona". Vi, por exemplo, dança espontânea notável. Um garotinho de dez anos dançou — com um grupo, porém "na sua" — com uma graça e uma exaltação jubilosa inesquecíveis. Numa escola secundária masculina fiquei impressionada com a descontração e o controle que as próprias crianças pareciam exercer

11

sem qualquer ajuda aparente do professor. Um jogo* furiosamente excitante sobre contrabandistas perseguidos pela polícia marítima em lanchas-automóveis sacudia todo o salão e o palco, mas não havia vítimas e, de repente, tudo terminou e se desfez em calmaria. Não houve necessidade de o professor apitar ou gritar para que parassem.

Para mim, um dos pontos mais valiosos neste livro é aquele onde o autor faz esta declaração (pg. 83):

"Pode ser constatado que alguma forma de drama social neste sentido seja a melhor maneira de deslanchar as coisas com crianças maiores, que já se tornaram autoconscientemente inibidas. Elas nutrem um desprezo espúrio pela arte como tal, mas se as palavras *drama* e *teatro* não forem enfatizadas, podem estar muito prontas para discutir e praticar uma preparação para a vida, em especial para a vida após a escola. Isto as faz se sentirem adultas. Uma vez liberadas, elas podem mais facilmente ser postas em contato com outras partes do drama como um todo."

Percebi em muitas escolas o malogro na continuação da abordagem "criativa" para a peça escrita. O mesmo professor pode encorajar o drama criativo na sala de aula, e depois aplicar uma técnica totalmente diferente nos ensaios da "peça escolar", quando o método deveria ser identificavelmente o mesmo em ambos os casos. O ator, seja ele criança, adolescente ou adulto, deveria encarar o jogo dramático, desde o começo, como um ser, fazer e viver os personagens das peças como pessoas reais na vida real. Mas com demasiada freqüência a palavra impressa se interpõe no caminho e a peça é encarada como uma coisa a ser lida, decorada e depois recitada em voz alta, enquanto o professor ou produtor "coloca dentro a expressão" e "acrescenta gestos", os quais o ator jamais relaciona com a experiência humana.

O Sr. Slade, ao insistir que a abordagem da peça escrita deve ser feita através do "drama social" improvisado, fornece bem claramente o "elo" entre improvisação e drama formal, que alguns educadores parecem achar difícil. Não deveria haver aqui nenhuma brecha a ser preenchida. Todo o processo do desenvolvimento imaginativo na direção do drama como uma forma de arte deve ser contínuo, pois a criança e o artista são semelhantes, e o artista adulto retém, no decurso de todo o seu trabalho, a absorção concentrada da criança.

É de se esperar que um número cada vez maior de professores, em todos os tipos de escolas, venham a trabalhar seguindo as linhas sugeridas pelo Sr. Slade neste livro admirável. Quando isto suceder, tornar-se-á possível obser-

---

* N. da T. — *"Play"* significa tanto "jogo" como "brincadeira" e "representação teatral" ou "dramatização improvisada" — e é neste último sentido que a palavra *Jogo* é empregada nesta tradução, de acordo com a expressão "Jogo dramático", já aceita entre nós.

var os resultados da continuidade no desenvolvimento do artista criativo, desde a infância até a vida adulta.

FRANCES MACKENZIE
*Ex-Chefe do
Dept? de Treinamento da
"British Drama League"*

PREFÁCIO

Muita gente, no país e no exterior, me pediu uma versão abreviada de *"Child Drama."* Este livro é uma tentativa de resposta a essa necessidade. A maior parte da obra é nova, embora algumas passagens sejam do primeiro livro, em particular quando as palavras originais pareciam ser as melhores para ilustrar algum ponto. Há alguns novos exemplos de escolas e muitas das fotografias não foram publicadas antes. Uma parte especial foi escrita para os pais, devido ao crescente interesse demonstrado por Associações de Pais e Mestres.

Sou grato ao Sr. Brian Way pela ajuda na seleção e ordenação de material; ao Sr. Victor Thompson pelas fotografias, algumas feitas em condições difíceis; e meus agradecimentos também ao "Birmingham Education Commitee" pela permissão do uso de fotos e descrições do trabalho em algumas das suas escolas.*

Uma versão abreviada tende sempre a deixar de fora os próprios pontos que o leitor gostaria de encontrar e estou bem consciente das possíveis falhas neste aspecto. Não obstante, espero que este livro breve possa ser de valor como uma introdução ao assunto, que trata não apenas do teatro como nós o compreendemos, mas aborda primordialmente o tipo de drama criado pelas próprias crianças, e mostra como ele pode ser orientado para canais construtivos pelo adulto interessado.

PETER SLADE

---

* N. do E. – Nesta edição, as citadas ilustrações foram substituídas por fotos atuais em situações voltadas para a realidade brasileira.

A Summus Editorial agradece a colaboração de Maria Carlota de Lima Novaes, coordenadora do grupo de crianças; a Dan La Laina Sene que fotografou, e às crianças que participaram: Maria Amélia Whitaker Alves de Lima, Joyce Castiel, Andréa Castiel, Iso Alberto Ghertman, Simone Yaroslavsky, Luciano Castiel, Alexandre Costa, Marcelo de Melo Zilber, Rodrigo de Melo Zilber, Maria Angela Zocatelli Capuano, Renata Wassermann e Rogério Wassermann.

CAPÍTULO I

PRINCÍPIOS GERAIS

O *Jogo Dramático Infantil* é uma forma de arte por direito próprio; não é uma atividade *inventada* por alguém, mas sim o comportamento real dos seres humanos. Este livro é uma breve introdução ao assunto, um panorama mais abrangente do que o contido em *"Child Drama"*[1]. Aqui eu tentei delinear um método de treinamento emocional planejado, baseado em cerca de trinta anos de observação de crianças "jogando". Ao pensarmos a forma de arte do Jogo Dramático Infantil é preciso que nós, como adultos, tomemos em consideração a diferença entre o que a criança faz na realidade e o que nós sabemos e entendemos por teatro; e porque a raiz do jogo dramático é a brincadeira de representar *o jogo*, é com o "Jogo" que devemos nos preocupar primordial e primeiramente.

Jogo, não Teatro

O jogo dramático é uma parte vital da vida jovem. Não é uma atividade de ócio, mas antes a maneira da criança pensar, comprovar, relaxar, traba-

---

1) *Child Drama* por Peter Slade; publicado pela University of London Press Ltd.

lhar, lembrar, ousar, experimentar, criar e absorver. O jogo é na verdade a vida. A melhor brincadeira teatral infantil só tem lugar onde oportunidade e encorajamento lhe são conscientemente oferecidos por uma mente adulta. Isto é um processo de "nutrição" e não é o mesmo que interferência. É preciso construir a confiança por meio da amizade e criar a atmosfera propícia por meio de consideração e empatia.

Nessa brincadeira teatral infantil existem momentos de caracterização e situação emocional tão nítidos, que fizeram surgir uma nova terminologia: "Jogo Dramático". Este sempre nos pareceu um bom termo, pois ao pensar em crianças, especialmente nas menores, uma distinção muito cuidadosa deve ser feita entre *drama* no sentido amplo e *teatro* como é entendido pelos adultos. Teatro significa uma ocasião de entretenimento ordenada e uma experiência emocional compart.¹hada; há atores e públicos, diferenciados. Mas a criança, enquanto ainda ilibada, não sente tal diferenciação, particularmente nos primeiros anos − cada pessoa é tanto ator como auditório. Esta é a importância da palavra *drama* no seu sentido original, da palavra grega *drao* − *"eu faço, eu luto"*. No drama, i.e., no *fazer* e *lutar*, a criança descobre a vida e a si mesma através de tentativas emocionais e físicas e depois através da prática repetitiva, que é o jogo dramático. As experiências são emocionantes e pessoais e podem se desenvolver em direção a experiências de grupo. Mas nem na experiência pessoal nem na experiência de grupo existe qualquer consideração de teatro no sentido adulto, a não ser que *nós a imponhamos.*

Pode haver momentos intensos do que poderíamos nos dignar a chamar de teatro, mas no geral trata-se de drama, e a aventura, onde o fazer, o buscar e o lutar são tentados por todos. *Todos* são *fazedores,* tanto ator como público, indo para onde querem e encarando qualquer direção que lhes apraz durante o jogo. A ação tem lugar por toda parte em volta de nós e não existe a questão de "quem deve representar para quem e quem deve ficar sentado vendo quem fazendo o quê!" É uma experiência viril e excitante, na qual a tarefa do professor é a de aliado amoroso. E nesse drama, notam-se duas qualidades importantes − *absorção* e *sinceridade.* Absorção − estar absorto − é estar totalmente envolvido no que está sendo feito, ou no que se está fazendo, com exclusão de quaisquer outros pensamentos, incluindo a percepção ou o desejo de um auditório. Sinceridade é uma forma completa de honestidade no representar um papel, trazendo consigo um sentimento intenso de realidade e experiência, e só atingido totalmente no processo de atuar, representar, com absorção.

Devemos estimular essas qualidades por todos os meios ao nosso alcance, porque elas são de extrema importância para o indivíduo em crescimento (e também, incidentalmente, porque elas melhorarão todas as tentativas de teatro, se forem conservadas vivas após a puberdade). Essas qualidades co-

18

meçam a emergir mesmo nos estágios mais precoces das duas formas de jogo — jogo *pessoal* e jogo *projetado*.

Jogo Pessoal e Projetado

Alguns observadores de crianças gostam de distinguir entre o jogo *realista* e o jogo *imaginativo*. Mas, na realidade, o jogo (e certamente nos estágios mais precoces) é tão fluido, contendo a qualquer momento experiências da vida cotidiana exterior e da vida imaginativa interior, que se torna discutível se um deveria ser encarado como uma atividade distinta do outro. É importante, naturalmente, que a diferença seja compreendida, mas a distinção pertence mais ao intelecto do que ao jogo propriamente dito. A criança sadia se desenvolve para a realidade à medida em que vai ganhando experiência de vida. Isto é antes um processo do que uma distinção. *A única verdadeira distinção* quando se trata de jogo dramático é aquela do jogo *pessoal* e do jogo *projetado*.

JOGO PROJETADO

Jogo projetado é o drama no qual é usada a mente toda, mas o corpo não é usado tão totalmente. Usam-se tesouros[1] que ou assumem caracteres da mente ou se tornam parte do local ("palco" no sentido teatral), onde o drama acontece. No jogo projetado típico não vemos o corpo inteiro sendo usado. A criança pára quieta, senta, deita de costas ou se acocora, e usa principalmente as mãos. A ação principal tem lugar fora do corpo e o todo se caracteriza por uma extrema absorção mental. Uma forte projeção mental está tendo lugar.

No jogo projetado a tendência é para a quietude mental e física. Os objetos com os quais se brinca, mais do que a pessoa que está brincando, criam vida e exercem a atuação, embora possa haver vigoroso uso da voz.

O jogo projetado é o principal responsável pela crescente qualidade de absorção.

JOGO PESSOAL

Jogo pessoal é o drama óbvio: a pessoa inteira, ou eu total é usado. Ele se caracteriza por movimento e caracterização, e notamos a dança entrando e a experiência de ser coisas ou pessoas. No drama pessoal, a criança perambula pelo local e toma sobre si a responsabilidade de representar um papel.

No jogo pessoal a tendência é para barulho e esforço físico por parte da pessoa envolvida; e se o barulho não é usado, o esforço é.

O jogo pessoal desenvolve a qualidade da sinceridade, pela fé absoluta no papel representado.

---

1) Por *tesouros* entende-se bonecas, tijolos, papel velho, etc. – de fato, qualquer objeto sobre o qual se derrama amor momentaneamente, ou sobre o qual afeição (um tanto difícil de entender) é prodigalizada durante longos períodos.

O jogo projetado é mais evidente nos estágios mais precoces da criança pequena, que ainda não está pronta para usar o seu corpo totalmente.

O jogo pessoal deve ser bem aparente ao redor dos cinco anos de idade, e torna-se mais freqüente e mais fácil de distinguir à medida que o controle do corpo é conseguido.

A criança que tiver as oportunidades certas experimentará, no jogo pessoal e projetado, muitos fragmentos de pensamento e experiência entre as idades de um e cinco anos e, embora a absorção esteja muito na frente da sinceridade, as duas qualidades combinadas serão bastante fortes para mesmo os menos observadores perceberem momentos de inconfundível atuação *(representação)*.

Assim o drama — sempre presente, sempre vital, sempre belo — progride lentamente do menos óbvio para o mais óbvio e dali ao iniludível, embora certas características sejam reconhecíveis desde o começo.

Essas duas formas principais de jogo acrescentam qualidades uma à outra e também à pessoa que está *jogando*. Por toda a sua vida, o ser humano é feliz ou infeliz na medida em que descobre para si mesmo a mistura correta dessas duas maneiras tão distintas de usar a energia. Tanto o tipo de pessoa como a sua ocupação na vida estão ligados ao equilíbrio do *eu* e à projeção. Esses dois precoces tipos de jogo exercem uma influência importante na construção do Homem, em todo o seu comportamento e na sua capacidade de se adaptar à sociedade. A oportunidade de *jogar*, portanto, significa ganho e desenvolvimento. A falta de *jogo* pode significar uma parte de si mesmo permanentemente perdida. É esta parte desconhecida, não-criada, do próprio eu, esse elo perdido, que pode ser a causa de muitas dificuldades e incertezas nos anos vindouros. (Por esse e outros motivos, crianças retardadas freqüentemente respondem a oportunidades mais tardias de *jogar*, por meio das quais elas constroem, ou reconstroem a si mesmas, fazendo num estágio posterior o que deveria ter sido feito antes.)

A partir do jogo *projetado,* podemos esperar desenvolver mais tarde: artes plásticas, o tocar instrumentos musicais, amor pela pesca, jogos e esportes não-violentos (do mais primitivo até o xadrez), o ler e o escrever.

Observação, paciência, concentração, organização e governo sábio.

A esses devem ser acrescentados o interesse por teatro de.bonecos, teatros-modelo e, no sentido completo, a produção de peças teatrais.

A partir do jogo *pessoal,* podemos esperar o desenvolvimento posterior de: corrida, jogos de bola, atletismo, dança, equitação, ciclismo, natação, luta, excursionismo etc. Tudo isso são formas de atuar.

A liderança e o controle pessoal são desenvolvidos.

A isto deve-se acrescentar a arte de representar no seu sentido completo. A representação infantil também contém essas coisas, às vezes antes do ator saber como fazê-las. Misturam-se imaginação e imitação.

A fala e a música são empregadas, às vezes intermitentemente, outras à guisa de comentário corrente.

A fala e a música são empregadas.

Em ambos os tipos de atividade há formas discerníveis que para nós é importante observar.

Formas Recorrentes

A forma predominante que pode ser vista com muita freqüência é o *círculo*. Ele aparece até mesmo no estágio de bebê, quando podemos observá-lo no precoce engatinhar e mais tarde no correr, no girar no mesmo lugar e num certo sapatear e saltitar, especialmente em poças d'água, que algum dia se transformará em dança, se o ajudarmos a crescer.

Entre os cinco e os sete anos, vemos os círculos se alargando, e nas escolas pré-primárias aparece o verdadeiro grande círculo cooperativo, com quase todo mundo participando, e também o círculo cheio, com todos correndo em volta.

Em torno de sete anos ou pouco antes, torna-se aparente o estágio dos bandos, turmas, porque os companheiros são uma parte importante da vida normal nessa idade. A turma se desenvolve em torno de um líder com "eu" forte, ainda não totalmente preparado para se integrar no grupo. (O *eu* forte é uma personalidade intermediária entre a criança e o adulto, para os outros membros da turma.) Com o estágio de turma, o círculo se subdivide em círculos menores. Esses são tanto simbólicos como sintomáticos da própria turma e muitas vezes contêm membros de um estreito relacionamento social real.

O círculo, em diversas variações, ainda pode ser visto entre os onze e os treze anos, mas depois disso surge naturalmente, como que sem pressa, uma inclinação genuína para o teatro tal como o conhecemos. Um palco elevado pode ser útil nesse estágio, mas um amplo espaço de chão para facilitar a livre movimentação é ainda a necessidade principal.[1] Se a criação não for inibida quando um palco estiver sendo usado, haverá um robusto afluxo e refluxo no palco, na forma de uma espécie de língua. *É indispensável* que exista degrau ou "praticável" na frente do palco para garantir a liberdade dos movimentos.

---

1) Não desanime se não tiver um amplo espaço de chão; muita coisa pode ser feita sem ele, como será explicado nos capítulos seguintes.

PRIMEIROS ANOS	7 ANOS EM DIANTE	CERCA DE 13 ANOS EM DIANTE
Típico círculo grande de criancinhas; alguns menores começando.	Círculos pequenos aparecem mais freqüentemente.	O palco é usado às vezes, mas há um fluxo forte para o palco e para fora dele. Esta é a forma de língua.

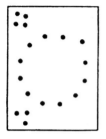 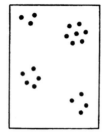 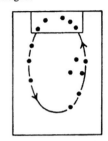

Existem outras formas discerníveis e regulares em determinadas idades: Na escola pré-primária há a *espiral;* essa é sempre a forma da entrada feliz no salão quando, em resposta ao som[1], as crianças entram jubilosas, correndo e dançando, formando um padrão de espiral. Nisso, como em muitos dos seus movimentos, elas correm para a esquerda, com os corações para o centro do recinto, possivelmente porque a perna direita é mais forte. Vemos também, na escola pré-primária e na primária, um círculo irregular correndo em voltas, e a forma de *S,* que é metade da forma de um *8,* comum em Jogos dramáticos de correria. O jogo em correria não acontece com muita freqüência, – nunca numa escola onde se faz crianças pequenas trabalharem num palco –, mas mostra grande destreza artística no auge do seu desenvolvimento, com crianças de oito ou nove anos. Em momentos súbitos e especiais, uma criança se precipita numa corrida, de pura alegria, seja representando ou dançando. Joelhos dobrados, braços estendidos como asas, com grande absorção e expressão estática, a criança se move rápida e ritmicamente num desenho serpenteante ou de *8,* prestando muita atenção ao som dos pés e a algum momento de clímax pretendido, o qual pode ser auxiliado e encorajado se houver um bloco "praticável" em algum lugar no salão.

Dos doze aos treze anos, ou pouco mais, vemos pequenos grupos enturmados na frente do palco, mas ainda sem usá-lo; e aos quatorze anos aparece uma espécie de protuberância, que é praticamente o uso do proscênio, mas usando só a frente ou os degraus descendentes.

Em salas de aula exíguas vemos muitas vezes o círculo de três-quartos, que é a tentativa da criança de formar um círculo completo.

---

1) Ver Capítulos II e III.

Onde há espaço e oportunidade, vemos grande beleza no fluxo do movimento, quando cada indivíduo desenha o mapa verdadeiro do seu progresso no espaço do chão. É este "mapa" e sua relação com outras jornadas de outros indivíduos que devemos observar com o máximo cuidado durante os jogos dramáticos, pois isso nos fala em minúcias, como num gráfico, sobre consecução e realização pessoal e social. É melhor visto e "lido" de cima.

Relação entre Arte (Jogo Projetado) e Drama

Um fato interessante e importante é que a pintura e o desenho melhoraram na proporção da percepção do espaço descoberta pela movimentação no chão. Uma criança pequena que pode ser vista correndo num padrão de *S,* ou de estrela, ou de triângulo, também produz essas mesmas formas no papel, nesta idade e, à medida em que vão cessando as colisões com os companheiros em movimento no espaço do chão, a composição pictórica vai melhorando também. Isto acontece porque as crianças começam a distinguir a diferença entre massa e espaço ao experimentá-las em três dimensões *(jogo pessoal).* Elas percebem o próprio corpo e a distância entre elas e cada uma das outras pessoas. Com a prática que o *drama* (jogo dramático) traz, as colisões cessam mais cedo e isto por seu turno acarreta melhoria na arte. A arte é por isso como que um gráfico termométrico do ponto atingido pela pessoa no desenvolvimento *(jogo projetado);* o "gráfico" pode ser lido pelo olho experiente, mesmo quando o drama não o torna óbvio.

Quando as crianças já descobriram e distinguiram o espaço, no sentido físico, e ao mesmo tempo sentem vontade de encarar mais seriamente o seu drama no sentido emocional e estético, então elas atingem a *eqüidistância.* Isto aparece tanto no uso do chão (jogo pessoal) como na arte (jogo projetado). É um passo na direção da meticulosidade mental e do crescimento, e é também um importante progresso social, quando as crianças começam a se dar conta das necessidades alheias. E, naturalmente, elas podem ser ajudadas nisso.

Em arte, eqüidistância é a precursora do que é chamado composição, onde massa, cor e espaço são arranjadas mais proposital e intelectualizadamente. A composição é sempre melhor onde o estágio da eqüidistância já foi devidamente passado, porque a experiência tridimensional completa do drama forma na mente da criança a necessidade de uma boa composição. O paralelo da composição na arte é o bom agrupamento no drama.

Em toda e qualquer simples atividade de jogo dramático da criança, encontramos qualidades de forma e a presença de uma certa destreza, embora em grande parte inconsciente. Pela minha parte, por essa e por várias outras razões (cuja filosofia completa está exposta na obra completa: *"Child Dra-*

ma", Parte I), não vacilo em afirmar que de fato existe um *"Drama* (jogo dramático) *Infantil"* que é uma forma de arte por direito próprio a qual deveria ser reconhecida, respeitada, alimentada e desenvolvida.

CAPÍTULO II

O QUE OS PAIS PODEM FAZER PARA AJUDAR

DRAMA INFANTIL (Jogo Dramático — Child Drama) é uma forma de expressão que diz respeito à natureza humana inteira. As crianças tornam-se confiantes e obedientes usando o drama e os adultos, sábios, observando-os, podem ver até onde uma criança chegou na vida. Pois é com a própria vida — com todo o crescimento mental e físico dos seres jovens — que esta forma de arte se preocupa na realidade. Conhecendo o Drama Infantil, nossa atitude para com as pessoas pode mudar e nossa compreensão pode se aprofundar. Ele é portanto de grande importância para todos os pais, bem como para os professores, de modo que começamos com algumas observações sobre a atitude dos pais e as necessidades da criança pequenina.

Atitude Geral dos Pais

A coisa mais importante na vida de um bebê é o amor. Isso pode soar óbvio demais. Mas o amor pode ser enganoso ou de espécie errada. Um bebê tem que ser querido antes e depois de nascer. As coisas feitas em favor da criança devem ser feitas para as suas necessidades reais e não por algum capricho sentimental dos pais. É preciso encontrar um equilíbrio de afeição, para que a criança não seja avassalada pela emoção em dado momento e militantemente repelida no momento seguinte. Exatamente como o professor na vida subseqüente da criança, o pai ou a mãe não devem tentar ser santos, mas precisam descobrir cedo como estabelecer um padrão constante e equilibrado de personalidade-comportamento para com as crianças, uma mistura de paciência e afeição.

Não tenham receio da psicologia. Só porque os aconselham a dar afeição e vocês podem ter receio de causar bloqueios, isto não significa que não é preciso conseguir obediência. Permitir mal-entendidos quanto à obediência na idade mais tenra é falta de bondade. Não ajuda a criança. Estabeleça poucas regras, mas assegure-se de que elas sejam obedecidas, bondosa mas firmemente. Deixe que elas se transformem em hábitos.

A mãe deve exercer a parte maior da orientação. O pai deve ser o último recurso, a autoridade final. Não deixe essa posição fraquejar, sob pena de destruir a confiança na atmosfera familiar.

Lembre-se que a linguagem falada é uma coisa emocional para a criança. "Sim" e "Não" são aprendidos não só pelo seu sentido, mas como música emocional. Há algo profundamente gerador de incerteza quando essas palavras significam uma coisa num dado momento, e outra no momento seguinte. Essa é a simples insegurança que está na raiz de algumas dificuldades na vida posterior. Não tenha medo. *Sim* quer dizer SIM e *não* quer dizer NÃO. Faça com que suas crianças entendam isso. Corrige-se melhor pelo tom de voz do que por palmadas. Mas não berre o tempo todo. Guarde os seus trunfos para o momento necessário.

Não espere que as crianças estejam limpas o tempo todo. Elas precisam se sujar em algumas formas de jogo, como irão se sujar em certos tipos de trabalho quando adultas. O lavar-se vem depois. Tudo e todos estarem tinindo de limpeza o tempo todo pode ser uma auto-satisfação para a dona de casa zelosa, mas pode ser uma tirania malsã para as crianças. Aprenda a decidir sobre as horas apropriadas para a limpeza.

Não exerça superproteção sobre as crianças, ficando nervosa demais para deixá-las sair da sua vista. Repare que elas estão crescendo. Não faça as coisas por elas, continuamente. Diga muitas vezes: "Experimente fazer sozinho." Encoraje a criança, mas não a deixe desamparada e só. Existe um equilíbrio para cada pessoazinha. Todas são diferentes. Mas o equilíbrio não é tão difícil de ser encontrado, de modo geral, uma vez que se tome conhecimento da sua existência.

Deve existir um senso de comunidade num bom lar, um senso de divertimento, a sensação de que todo mundo tem a oportunidade de tentar as coisas à sua própria maneira, e uma sensação de segurança.

Em todos os nossos relacionamentos com crianças, devemos continuamente dizer a nós mesmos: "Se eu fosse realmente esta pessoazinha, nesta situação, o que eu faria, o que pensaria, o que diria?" Quanto maior a sua capacidade de percepção nessa linha de pensamento, mais desinteressado será o seu amor, e mais compreensivo você se tornará.

As crianças aplicam exatamente essa atitude no seu *jogar*. Elas começam com a mesma honestidade de pensamento, mas com elas isso é mais simples, mais direto, porque são novas. Elas pensam: "Se eu fosse realmente esse dragão voador, aquele cosmonauta ou essa salsicha atômica, eu faria isso ou diria aquilo." Elas o fazem, e isso é o Jogo Dramático, o Drama Infantil. Sua maneira de "realizar" o pensamento é a sua forma de arte. Devemos observá-la e encorajá-la, pois existe aí um padrão de comportamento humano em desdobramento, por meio do qual o Homem descobre a si mesmo e aprende a pensar nos outros.

Já vimos que existem duas espécies principais de jogo: uma na qual as crianças brincam com objetos e os fazem criar vida *(jogo projetado)*, e a outra na qual as próprias crianças se tornam as pessoas imaginadas, animais ou coisas *(jogo pessoal)*.

O jogo projetado é mais comum nos anos mais precoces. Mais tarde, dependendo da quantidade de absorção permitida pelos pais, esse jogo pode ser guiado por professores sensatos em direção a um estudo cuidadoso na hora da aula. Por essa época, o jogo já se erigiu num hábito de concentração. (Nota: classes do Secundário "adiantadas" dependem tanto desses primeiros anos formativos quanto do estudo intensivo final e mais cansativo.) Parte da formação da concentração por meios imaginativos continua na escola também.

O jogo pessoal tem recebido menos cuidados. Seus começos muitas vezes não são notados, ou são mesmo desencorajados, porque necessitam de espaço e geralmente incluem a declamação. Ambas essas formas de jogo podem ser drama, mas não necessariamente teatro como ele é entendido pelos adultos. O drama é menos óbvio no jogo projetado do que no pessoal, embora haja momentos de drama, claramente definidos em andamento quando paus e pedras ou bonecas criam vida e voz. Esses objetos muitas vezes são abandonados em forma de um padrão primitivo depois do jogo. O padrão é uma espécie de símbolo da história viva que se desenrolou na mente da criança, quer a fala tenha saído, quer não. É o que acontece também com a pintura de quadros.

O jogo pessoal se desenvolve à medida que as crianças atingem maior controle sobre o próprio corpo e mestria sobre os objetos com os quais brincam. Para as crianças, seu próprio tipo de drama significa toda a ação da vida e isso é a sua melhor e mais natural maneira de desenvolver movimento e linguagem falada. A qualidade que elas desenvolvem nesse tipo de jogo é a *sinceridade*. É uma qualidade profunda de caráter e se destaca já nos anos mais precoces. Muitas vezes é nesse exato momento, quando uma confiança completa em realmente viver a vida *com plenitude* poderia ser atingida dessa forma, que as crianças são esmagadas por causa de um mundo ordenado pelos adultos. Tantos de nós, por isso, sem saber, causamos justamente aqueles problemas que mais tarde deploramos nas crianças. Pois elas encontrarão outras maneiras de se expressarem, maneiras que podem ser menos desejáveis, e isso muitas vezes longe da supervisão adulta. Às vezes a forma pública dessa expressão é a formação de uma atitude negativa para com a vida, lamentavelmente demasiado comum entre gente jovem no presente momento.

Algumas Sugestões Detalhadas para Ajudar o Drama Infantil em Casa

Permita: Ruídos estrepitosos de vez em quando (desde a fase de bebê em diante). Procure interessar-se pelos diversos tipos de ruídos. Apenas retire o que for perigoso, ou puder ser estragado, desviando a atenção da criança para outra coisa. Não lhe arranque nada das mãos.

Razão: As crianças gostam de som. Elas o dividem em cadência, ritmo e clímax. Elas descobrem muita coisa sobre a fala, música e drama, coisas que você não sabe, experimentando com sons, à sua própria moda.

O que o adulto pode fazer: Dar prazer ao associar-se à criança uma vez ou outra. Use outros ruídos. Não irrite a criança, tomando o seu brinquedo e mostrando como *deve* ser tocado ou usado. Guie-a lentamente para uma diferenciação entre sons altos e sons suaves, sons longos e sons de percussão.

Exemplos: Pedaços de metal pendentes de um cordão; pedaços de madeira ou cartolina para bater; ruído de elástico esticado; arroz numa lata.

Pense em termos de perguntas e respostas. Responda à "declaração" da criança por meio de som. Faça-o simplesmente, não fale disso. Divirta-se com isso e descobrirá que as crianças não só o seguem para a civilização, como o guiam para um mundo que você não conhecia. À medida em que as crianças vão crescendo, deixe-as perceber que existem horas em que você precisa de sossego. Deve haver compromisso e consideração pelos outros, especialmente em lares pequenos. Você pode treinar as crianças, mas não as destrua. Não é preciso ser músico para tudo isso. Seja apenas humano e divirta-se com seriedade.

Permita: Pular e ficar de pé de vez em quando (desde a fase de bebê em diante). Permita correr pelo recinto. Não impeça qualquer correria de medo que a criança caia; ela cairá, mas tem que aprender a não cair. Console-a se o desastre ocorrer e procure arrumar lugares macios para as quedas, se puder, ou fique perto, pronto para apará-la. Mas não previna sempre. Não force uma criancinha a andar mais tempo do que ela quer ou antes dela querer. Encoraje-a.

Razão: Pular e sapatear levam ao interesse pelo atletismo mais tarde e são a base da Dança Infantil. São os primeiros passos para um estilo pessoal e a descoberta do ritmo corporal pessoal, que ajuda a poupar energia pela vida afora e pode afetar a potencialidade para o críquete, tênis, futebol, etc., nos anos subseqüentes. Forçar traz a repulsa e às vezes pode causar dano físico.

O adulto pode: Interessar-se pelos tipos de pulos e sapateados. Associar-se de vez em quando, na mesma cadência, por vezes em cadência diferente. Não pressuponha que a criança esteja errada. Pense às vezes em termos de pergunta, afirmação e resposta. Sapateie "de volta". A criança geralmente baterá os pés de novo (isto faz paralelo, em jogo pessoal, com o produzir ruídos com objetos). Use objetos você mesmo algumas vezes e misture os dois tipos de jogo. Inspire a criança para outros movimentos pelos sons que você faz. Isto é o "Código Morse" de batidas das mensagens sonoras. É mais importante do que o piano, para um começo. Sentenças sonoras mais longas deverão vir mais tarde.

Permita: Gritar, cuspir e o tatibitatear de bebês e criancinhas novas, ocasionalmente.

Razão: Isso faz parte do descobrimento da força dos pulmões, sensibilidade do palato, procura da dicção e avanço da linguagem falada.

O adulto pode: Responder às vezes em tatibitate. Pode-se manter desta maneira conversas emocionais de suprema alegria ou densa seriedade até mesmo com bebês, e um forte elo de compreensão se forma por breves momentos. Inclua ocasionalmente uma palavra verdadeira. Repita-a. A criança a usará mais tarde, aumentando seu vocabulário. Baseie toda a fala, música e comunicação, num profundo amor pelo som. É isso que leva a um gosto realmente inteligente em literatura, mais tarde. É o verdadeiro caminho para a genuína apreciação da poesia. O excesso de pulos e do uso de cantilenas sentimentais rimadas leva à "versificação", que é diferente, e a alguma compreensão de marcação de tempo e cadência. Não conduz à apreciação do ritmo vivo e da verdadeira percepção poética.

Permita: A criação de estranhas palavras novas. Não as chame de bobagens.

Razão: Essa criação começa por causa do interesse pela linguagem. Palavras "verdadeiras" virão a ser igualmente amadas mais tarde.

O adulto deve: Aceitar as palavras novas. Aprender a reconhecer as boas. Algumas são muito descritivas. Conserve algumas como palavras da família e use-as. Elas formam um elo de "lar" entre os membros da família.

Permita: Jogos dramáticos sobre *cow-boys* e bandidos e um pouco de vestuário de fantasia (à medida em que as crianças vão saindo da idade mais tenra). Não as hostilize em casa nem caçoe delas diante das visitas.

Razão: Isso é a coisa verdadeira. Isso é o drama por meio do qual se vai desenvolvendo uma extensão do vocabulário para expressar idéias, por meio do qual as emoções são exteriorizadas e no qual a criança experimenta toda sorte de personalidades até encontrar a sua própria. Ela faz experiências com a *vida* e encontra a si mesma. E cria também uma grande forma de atuar, representar, tão divertida quanto bela.

O adulto deve: Compreender que o seu filho não é um delinqüente em potencial, só porque uma porção de mortes ocorrem durante o seu jogo. A criança, ele ou ela, está sobrepujando um adversário imaginário. Você quer que seu filho vença as batalhas da vida, não quer? Isso é treino e preparação para esta meta. Que vençam sempre! Leve isso a sério. Se a criança se dirige a você como se você fosse um súdito do seu reino, ela lhe oferece sua confiança. Responda como deve responder um cortesão e seja sincero nisso; quanto melhor você se comportar, tanto melhor poderá ensinar o comportamento certo nos momentos apropriados da vida real, o qual está sendo treinado muito profundamente nesses momentos.

Se você tiver um toca-discos, coloque uma música com ritmo pronunciado ou passagens estimulantes durante a representação. A música as inspirará. Não se aborreça se as crianças falarem durante a música. Elas devem falar no seu drama. No começo elas só se servem do som numa base emocional. Mais tarde você pode guiá-las para uma seleção mais adiantada e pode se tornar companheiro suficiente para sugerir uma melodia do tipo marcha para servir de parte de uma parada geral, etc. Melhor ainda, simplesmente coloque o disco *durante* a marcha das crianças e esteja pronto para tirá-lo quando elas terminarem. Você adquirirá cada vez mais habilidade nisso com a prática e, à medida em que for conhecendo melhor o jogo dramático infantil, aprenderá a adivinhar antecipadamente as necessidades das crianças. É útil ter à mão esses tipos de música: alegres, estimulantes, tristes e calmas.

Termine com "alegre", se as crianças parecem moderadamente exaustas, ou se você consegue ainda continuar dando-lhes o seu tempo e a si mesmo depois do jogo. Se não, use música "calma". Isto muitas vezes as aquietará e o mais provável será que elas se afastem para brincar sossegadamente entre si. Você estará ajudando o professor na escola, também. Pois um professor sensato sempre terminará uma sessão de Drama Infantil com uma sensação de calma, a fim de preparar as crianças para a atividade projetada em forma de aulas de leitura, escrita e aritmética. Você estará preparando as crianças para essa experiência, ou ajudando a estabelecer um bom hábito.

Permita: Que outras crianças se reúnam às suas no Drama Infantil, se quiserem, e se você achar que pode controlá-las.

Razão: As crianças aprendem tolerância, brincando juntas. Pelo uso apropriado do Jogo Dramático Infantil, você as ensinará a serem obedientes também, fazendo com que a sua atividade emocional tenha lugar de um modo legítimo, sob supervisão simpática, em vez de tentar dominá-las. Tantas crianças anelam por isso sem o saberem. Todas necessitam disso. Muitas têm lares ou pais que tornam tudo isso difícil. Às vezes toda a atmosfera de uma rua ou aldeia pode ser modificada por um único adulto bondoso e imaginoso, arranjando tempo e hora para drama dessa espécie.[1] Se você ficar interessado nesse tipo de jogo, uma regra de ouro é: Se houver necessidade, *o adulto pode sugerir o que fazer; mas não deve mostrar como fazê-lo.* Não interrompa o jogo. Converse sobre um episódio mais tarde, se as crianças o quiserem.

Alguns "Não Faça"

Não dê às suas crianças muitos brinquedos caros. Dê tintas, papel, coisas simples. Dê-lhes felicidade.

Não encoraje a exibição. Partilhe o seu bom êxito. Não lhe dê atenção excessiva.

Não encoraje idéias de teatro em anos precoces. Todo o mundo trabalha no Jogo Dramático Infantil. Normalmente não existe público. O público acarreta acanhamento.

Não force uma criança a participar. Encoraje-a.

Não arrume as coisas com excessiva regularidade e sem pensar. Repare se os objetos estão arrumados formando algum padrão. A criança pode querer voltar para eles.

Não ridicularize qualquer esquisitice dramática ou tentativa de dança.

Não comente sobre as crianças, distraidamente, com outros adultos. As crianças têm ouvidos. Elas podem ser magoadas.

Não use fantoches em demasia. A criança precisa atuar ela mesma.

Não pense que a sua criança deve ser automaticamente mandada para uma escola de teatro, professora de balé ou professor de sapateado, só porque ela gosta de jogo dramático. A graciosidade pode ser atingida pela prática, na forma própria da criança, de dança imaginativa. As outras coisas, como em todo o trabalho formal, não são os fundamentos mas sim perfeições. Elas não servem para todo o mundo e podem dar a algumas crianças idéias errôneas.

Alguns "Faça"

Deixe alguns objetos estranhos encalhados em lugares esquisitos, se puder fazê-lo sem causar muito transtorno. O pai saberá qual é a sensação que

---

1) Este assunto é detalhadamente tratado na seção "Fora da Escola" em *Child Drama*, Parte III.

ele tem quando o seu estúdio ou sala de trabalho foi todo arrumado e tudo colocado certinho no lugar onde ele não pode encontrar. Como se sentiria você se fosse um *cow-boy* e alguém arrancasse a corda que você havia pendurado na poltrona ou na árvore? As vacas poderiam fugir. E então? Faça uma anotação mental e providencie para que as coisas sejam recolhidas no fim do dia. A arrumação pode ser aprendida sem tristeza.

Providencie um recinto para as crianças poderem ficar separadas dos adultos parte do tempo, se for possível, e onde elas possam largar algumas coisas para "serem continuadas" no dia seguinte.

Conceda às crianças pequenas alguns momentos para terminarem o que estão fazendo, se estiverem profundamente imersas em alguma ocupação. Você aprenderá a julgar se elas estão sendo desobedientes de propósito ou se estão meramente absortas. Esta última alternativa não é um pecado, é uma virtude. Mais tarde as crianças aprenderão a sair dela mais facilmente.

Deixe as crianças formarem seus próprios agrupamentos durante o jogo. Isto acontecerá por toda a sala ou jardim e muitas vezes uma roda se formará. Lugares situados a longas distâncias podem ficar bem próximos neste drama. Evite dizer coisas como "Não virem as costas", como se estivesse lidando com o proscênio de um teatro.

Encoraje as crianças a improvisarem suas falas e histórias.

Esteja preparado para rápidas mudanças de personagens. Evite rir se uma criança de cinco anos se transforma em cinco pessoas ou coisas diferentes no lapso de segundos. Se lhe pedirem que seja um poste de iluminação ou um prego, *seja* essas coisas.

Cuide de não rir nos momentos errados (se por acaso você for convidado a assistir uma peça escolar). Você destruiria a sinceridade da representação, a absorção na atuação e toda a atmosfera da peça. Já é suficientemente difícil para qualquer criança menor de onze anos conseguir essas coisas num trabalho formal, de qualquer maneira. Não o torne ainda mais difícil.

Trate de aprender alguma coisa sobre raios da morte e linguagem espacial. Não demonstre desaprovação. Se você o fizer, perderá a confiança das crianças (tudo isso pode vir a ser verdade no decorrer da vida delas, de qualquer maneira); mas você as surpreenderá agradavelmente como um companheiro inesperado, se aprender aquelas coisas. Você pode se tornar o bom chefe de turma, o líder de que todos os pequerruchos necessitam inconscientemente. Nem sempre é culpa deles se caem sob o domínio de um mau líder. Ele pode ser o único que encontraram. Você não pode e nem deve tirar de fato o lugar de um líder-criança, mas pode mostrar o exemplo de um bom padrão de comportamento.

Encoraje as suas crianças a se interessarem pela vida e pela beleza.

Encoraje-as a serem limpas e cortezes nas ocasiões apropriadas, e ao mesmo tempo, a serem corajosas e viris. Essas atitudes surgem principalmente a partir da influência dos pais e do fundo familiar. Evite dizer: "Oh, eu não faria isso, meu bem." Será que você *é* um deles? Pense bem. Adquira o hábito de ponderar qual é a razão para a criança *não* fazer isso. Não seria só por que você ficaria incomodado? Pode-se aprender a ser positivo: "Está certo, meu bem. Tente." Assim é o lar que produz o adulto seguro de si. Num mundo um tanto decadente, a vida moderna brada por uma geração que faça, ouse e assuma responsabilidades. Deixe que seu filho diga: "Eu tentarei qualquer coisa que seja, uma vez." Sua tarefa é ajudá-lo a ver o que é sensato, tentá-lo e ser bem-sucedido.

Jogos e Brincadeiras

Com bebês: Esconde-esconde! Mas não coloque seu rosto próximo demais do deles, de repente. Não fique escondido por muito tempo.

"Faça" gestos engraçados com as mãos.

Crianças aprendendo a andar e maiores: Mantenha uma conversa somente com ruídos.

Faça a careta mais feia que puder e invente e represente uma história em torno dela. (Ou a careta mais agradável.) Não fique feio por muito tempo.

Conte uma história sobre um círculo de pessoas, cada qual passando depressa para a seguinte. Represente-a depois, se as crianças quiserem.

Descreva as coisas no quarto, uma espécie de "eu espio". Mas quando chegar à coisa, faça uma careta ou um ruído em vez de dizer o seu nome. Temos que adivinhar do que se trata. Pode-se elaborar, também. Exemplo: "Estou espiando com o meu olhinho . . ." Ou *"Je perceive avec mon grand space lamp* * (aqui se faz uma carantonha horrível) sobre um (barulho de batida)". Por fim acabará se descobrindo que o objeto é um relógio ou um quadro acima da porta.

Chás de bonecas ou banquetes reais.

Chás de fantoches e/ou Jogos Olímpicos (não no teatro. Tudo dentro do quarto).

Recorte máscaras simples de papel. Corte fora nariz, olhos e boca. Coloque as máscaras. Faça borrões de tinta no nariz e na boca. Represente o que lhe lembram essas pessoas extraordinárias de caras coloridas. Naturalmente, as máscaras poderiam ter dado início a tudo. Mas as crianças geralmente se descartam das máscaras, se forem inteiras, porque são muito quentes e dificultam a visão.

Bata num tambor ou numa caixa e mate um inimigo a cada batida. Mate-os bem matados. Sobrepuje o *mundo inteiro* e todos os seus desgostos.

---

* N. da T. — Em francês no original.

Faça as crianças lhe darem idéias em uma ou duas palavras. Invente uma história curta para representar a partir das idéias (veja também descrição na página 45). Coloque um disco e: a) deixe as pessoas serem o que pensam; b) conte uma história sobre o que a música diz; c) simplesmente dance a história à sua própria moda.

Faça uma festa de índios peles-vermelhas. Danças guerreiras com fantasias, depois do chá, com rufar de tambores e música.

Organize uma gincana, com cavalos de faz-de-conta e saltos de verdade (e doces ou flores como prêmios, se você fizer tudo como deve ser).

Organize um encontro-corrida de carros ao som de "hot Jazz" e um megafone. (Bicicletas, patinetes, caixas de sabão, carrinhos de mão, etc., para o lado de fora da casa. Vocês mesmos apenas, para o lado de dentro.)

Organize uma regata de piratas.

Organize um "salsichada" de policiais. (Isto pode dar às crianças uma idéia bem diferente e melhorada da Lei).

Organize um chá para receber os primeiros "Marcianos". (Haverá pistolas atômicas. Queiram trazer suas armas espaciais.)

Represente histórias tiradas de um jornal, livro ou revista.

Para domingo, pense em representar histórias tiradas da Bíblia.

À medida em que o drama for melhorando, você poderá encaixar uma idéia a mais, vinda das crianças ou de você mesmo, de vez em quando, para enriquecer a criação toda. Uns poucos trajes de fantasia, alguma música e, desde que tenha fomentado as qualidades de sinceridade e absorção, você começará a perceber uma grave inocência de comportamento, uma graça de movimentos, consideração pelos outros e um senso de cooperação construtiva. Tudo se soma num desfile de beleza difícil de descrever. É a percepção, num relance, de um outro mundo.

CAPÍTULO III

O QUE FAZER COM CRIANÇAS NOS PRIMEIROS ANOS DE VIDA

Todas as crianças são artistas criativos. Não pense, só porque elas copiam algumas coisas da vida real, que isto testemunha contra aquela afirmativa; usam a experiência da vida para enriquecimento, experimentação e prova. Mas pense bem antes de oferecer-lhes coisas possantes, tais como o nosso teatro, para as copiarem cedo demais na sua vida.

Comecemos aos, digamos, cinco anos de idade, antes dos quais se fez tudo para evitar exibicionismo, e para compartilhar a experiência das crianças, de preferência a ficar olhando para elas. Aos cinco anos, continue a evitar teatro, palcos e peças escritas. A criança irá criar com a nossa ajuda, por isso vamos estimular a improvisação — movimento, situação e linguagem improvisados. Eu o faria usando o *som*.

As crianças amam o som e, usando vários ruídos interessantes na escola pré-primária, podemos inspirá-las a criarem à sua própria maneira. Elas dividem o som de três modos principais diferentes: cadência, ritmo e clímax (poderemos estabelecer um elo com as crianças, mais facilmente, se compreendermos isso), portanto, será desta forma que eu usarei as coisas que estou levando para o recinto: tambores, gongos, apitos, latas velhas, lixas de papel, dois paus, etc. Posso às vezes usar um piano ou uma vitrola, mas de preferência nos estágios posteriores.

Exemplo I – Devo começar produzindo sons no salão antes da entrada das crianças.

Razão: Elas entram com curiosidade e prazer. Porque as crianças ouvem o som emocionalmente, elas se rejubilam com ele, e a alegria é necessária para a sua melhor criação. Quando elas ficarem acostumadas ao trabalho, o seu padrão de entrada será em espiral, todas correndo, com o coração em direção ao centro. O grande círculo vem a seguir, depois o círculo cheio, quando todas se movem em redor. (Ver diagrama na página 22). Eu paro de fazer o barulho. Todo movimento cessa. Agora eu detenho a atenção total sem quaisquer comentários. Tiro uns guizos.

Eu: "O que lhes lembra isso?"
Criança: "Guizos de trenó."
Eu: "Sim, olhe só a neve. O seu trenó vai puxar bem. Está pronto? Puxe!"

Várias crianças começam a puxar, algumas talvez a passear em volta. Todas estão criando, não só os pequenos "salientes" escolhidos. Não dou quaisquer instruções, apenas mudo a velocidade dos guizos para mais lento, quando acho conveniente. As crianças obedecem ao som. Elas estão aprendendo sobre o clímax, e um pouco sobre atmosfera ("mood"), e um pouco sobre absorção, isto é, concentração para estudo além da boa representação. Toco um apito.

Eu: "O que foi isso?"
Criança: "Um trem."
Outra: "Uma chaleira quente fervendo."
Eu: "Certo, um trem com uma tampa de chaleira na chaminé."

(Gritinhos de júbilo). Eu apito e bufo. Todo mundo começa a fazer coro. Aumentamos a velocidade; encontramos a cadência juntos, o ritmo juntos, somos todos juntos máquinas-locomotivas, embora eu pessoalmente não me mova a não ser em espírito. As crianças começam a colidir um pouco umas com as outras. Eu não critico nada.

Eu: (pensando em treinamento de ordem e asseio e observando cuidadosamente à procura de sinais de fadiga. Quando a criação começa a morrer um pouco – devemos prestar muita atenção a isso – eu digo): "Entramos *dentro* da estação. (O barulho cessa.) Eu preciso descansar um pouco, para os passageiros poderem sair. Depois lá vou eu ordeiramente de marcha à ré para a cama."
Começa o barulho. Eu sugiro marcha à ré porque as crianças estão

um pouco ofegantes e desta forma elas têm que se mover mais lentamente. Digo "eu", porque cada criança agora está absorta; cada um de nós *é* "eu". Devemos observar e saber como aguardar este momento. O saber vem só com a experiência.

Eu: "Aqui estou eu. (Barulho cessa.) Estou muito cansado. Então, o que é que eu vou fazer?"
Criança: "Dormir."
Outra: "Se despir."
Eu: Sim, eu tiro o meu chapéu-de-chaleira e guardo-o cuidadosamente..."

Uma risadinha ou outra, talvez, mas a maioria agora está quieta e concentrada. Deixo tempo para a pantomima continuar. Nestas ocasiões uma criança *não pode ser apressada*. A criação está tendo lugar. Eu esperaria por todo o resto do período, se fosse necessário, e não sugeriria nada, a não ser dizer "bom" no fim de tudo. Mas hoje a criação está começando a arrefecer. Só existe um momento certo, e eu tento captá-lo.

Eu: "... E tiro as minhas rodas e as ponho para limpar."

A pantomima recomeça. Se a sugestão imaginativa não encontrou aprovação por ser irreal demais, pode ocorrer hesitação. Eu noto quem hesita. Será que esta criança é mentalmente mais velha ou apenas pouco imaginativa? Aprenderei muito sobre ela ou ele com o tempo, e isso será do maior auxílio para mim na introdução de todas as outras matérias na escola.

Eu: "Despir-me. Não devo esquecer de me lavar — e de escovar os dentes (etc.). Finalmente estou pronto para ir para a cama (as crianças podem começar a se deitar) — estou muito cansado. Ah, eu acho que vou adormecer.

Agora as crianças já estão relaxadas; algumas bocejam. O estado de espírito e o tom de voz são importantes. Decido que isto já basta e vou ao piano e ataco uma marcha, ou coloco um disco. Todas as crianças se levantam animadamente.

Eu: "O que é isto? Isto é bonito?"
Algumas crianças: "É sim."
Eu: "Quem é você?"

"Você" de novo, não "eu", porque percebi que a absorção se foi. As crianças são muito novas.

Criança: "Rei."
Outra: "Soldado."

Aceito todas as sugestões e faço outras. Somos cavalos, bichos, motores, tudo. Uma experiência imensa é ganha, muitos papéis são tentados, tudo é alegria. Nunca digo "faça isto" de maneira forte. *Razão:* Uma criança pode não obedecer. Evito uma posição falsa. É sempre "eu sou", "você é", *fait accompli* *– ou "vamos fazer?" Mas existe controle total. Elas são controladas pela amizade, não por mim, pela confiança, pela alegria. Elas de fato aprendem a disciplinar a si mesmas. Até os sete anos existe realmente a necessidade de sugestões sobre o que fazer, mas nunca lhes mostre como fazê-lo. Isto destruiria a criação.

Nota: O som de um piano acompanhando o movimento ajuda a criação. A disciplina de um disco de vitrola seguido pelas crianças ajuda o controle.

Não fique desanimado no começo se não souber quando fazer todas essas coisas; mas sem dúvida você compreenderá as linhas gerais.
Eu faria coisas semelhantes semana após semana, mas, para cimentar o elo da amizade e oferecer oportunidade criativa, eu começaria lentamente a construir histórias a partir daquelas que possam surgir das sugestões delas.

Exemplo 2 – Dos Cinco aos Seis Anos.

A professora está batendo tambor e as crianças entram correndo. Ela leva o som a um clímax quando as crianças estão todas felizes correndo em roda num círculo cheio. Uma última batida e todas param.

Professora: "Sentem-se quietinhas. Agora escutem."

Ela percute com um prego um pedacinho de metal pendurado num barbante. É um ruído muito baixo e as crianças têm que ficar quietas para ouvi-lo.

---

* N. da T. – Em francês no original.

Professora: "O que isto lembra a vocês? Escutem de novo – agora!"
Criança: "Ratinho."
Outra: "Homenzinho."

Há uma caixa de ruídos num canto.

Professora: "Vá e tire um instrumento de que você goste, Jane. Peter, você vai pegar um também."

Eles são mandados separados e voltam separados caso possa haver uma discussão longa demais junto à caixa. Cada professora deve saber julgar em tais momentos. Jane agora tem um tamborim, Peter uma espécie de raspador metálico.

Professora: "Ótimo. Agora ouçam: – um homenzinho de pés muito grandes vivia num castelo e ele tinha um ratinho amestrado de quem gostava muito..."

(Ambas as idéias da primeira resposta foram usadas, embora difíceis de combinar).

... "mas havia um grande canguru malvado que vivia do lado de fora. Mostre-nos o barulho que o canguru faz, Jane. (Jane bate o seu tamborim.) Você, Peter, mostre-nos o barulho que o ratinho faz. (Peter faz ruídos rascantes.) Bem. Agora, todo mundo fica de pé e participa da história se quiser. O homenzinho dos pés grandes está andando pelo seu castelo..."
(Usando um som pequenino para os pés grandes ajuda-se as crianças a aprenderem como fazer grandes movimentos sem barulho excessivo. Todas as crianças são o homenzinho.)
... "e o seu ratinho arranha querendo entrar. (Peter faz os ruídos rascantes enquanto todas as outras crianças são um ratinho.) O homenzinho o pega pela mão e eles saem para um passeio (ping, ping, ping, faz a professora). De repente, chega o grande canguru pulando pelo jardim. (Jane faz ruídos de pulos, enquanto todos os outros são cangurus.) Mas o homenzinho e o ratinho fogem a tempo (professora leva o som do tambor ao clímax – todas as crianças correm em volta do recinto, fugindo de um canguru imaginário). Ele fecha a porta com uma batida. Vocês fazem a batida. (Algumas crianças gritam "bang", outras batem os pés.) Não esqueçam de limpar os pés no capacho. Depois sentem-se quietinhos diante do fogo da lareira. Bem quietinhos. Assim. Vamos ficar sentados um pouco bem quietos, olhando as chamas."

Esta história já é suficientemente longa, para começo de conversa. Se as crianças correram e ficaram absortas, fizeram muito. Histórias compridas quebram a concentração nessa idade, e são uma das causas da criação do hábito, nas crianças, de não prestarem a necessária atenção. Histórias curtas são mais fáceis de vivenciar com um pouco mais de profundidade e, ao usá-las, os hábitos de concentração para outras matérias escolares se estabelecerão com maior probabilidade.

Exemplo 3 – Dos Seis aos Sete Anos.

Depois dos seis anos de idade, as crianças podem ter o que eu chamei de *a aurora da seriedade*. Aquelas que a tiverem estarão prontas para serem escaladas para pequenos papéis. Mas há um estágio intermediário, e podemos preenchê-lo com escalações de grupo. O seguinte é um excerto de um relatório:

História: "... e a banana não queria ser apanhada pelo guarda de jeito nenhum, e fugiu. Mas um carro vinha correndo em sua direção. Ela teve que parar por um instante e aí o guarda pegou-a. O guarda parou o carro, ele e a banana entraram, e o motorista os levou para a prisão. A banana foi posta atrás das grades e muito bem trancada e não podia mais ser malcomportada."
Neste caso, uma criança que estava pronta para ser escalada foi o policial, duas crianças eram o homem que guiava o carro; o carro eram quatro crianças, mas a banana era cinco crianças. Elas não estavam todas fisicamente ligadas, perfazendo uma só banana, mas eram cinco entidades separadas ligadas emocionalmente, dando assim uma à outra a coragem grupal de ousar esse ato colossal – ser uma banana. (Ver diagrama A.)

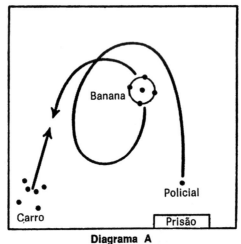

Diagrama A

40

Exemplo 4

Eu: (esfregando suavemente dois pedaços de papel-lixa): "O que é que este som lembra a vocês?"
Criança: "Gato arranhando."
Eu: (tocando tambor com um bastão): "E este?"
Criança: "Homem correndo."
Eu: (batendo os pés sobre um "praticável"): "E isto?"

Nenhuma resposta.

Eu: "Bem, isso me lembra de . . . vamos ver . . . uma porta batendo?"
Criança: "Sim."
Outra: "Ou um pneu estourando."
Eu: (encantado): "Sim! Agora vamos fazer uma história com essas idéias."

"Um homem estava caminhando por um corredor numa casa muito grande, quando de repente ele ouviu um barulho estranho. Ele pensou que podiam ser ladrões e começou a correr. Mas quando chegou ao fim do corredor, ele descobriu que era só o seu gato arranhando a porta de um quarto, porque tinha ficado trancado do lado de fora. Então, o homem abriu a porta, o gato passou correndo, pulou na janela e saltou para fora. O homem correu atrás do gato para ver o que tinha acontecido, mas justo naquela hora ouviu-se um grande barulho, bang! A porta do quarto tinha se fechado de novo, com o vento. Mas uma outra coisa aconteceu também: o gato tinha pulado bem em cima do teto de um carro estacionado ao lado da casa, e sabem, as unhas do gato estavam tão assanhadas e prontas para pegar *alguma coisa,* que elas atravessaram o pneu de reserva que estava sobre o teto do carro quando ele caiu em cima dele, e o pneu ficou mais chato do que um peixe."

A história ia então ser representada. "Nós gostaríamos de ser . . ." etc. Eu acompanhava a representação com sons, por exemplo, o tambor para o homem correndo. O carro era feito por várias pessoas e sem dúvida afundaria se o gato saltasse de uma cadeira para cair em cima dele. Algumas crianças eram o vento, outras eram móveis no corredor, duas ou três eram a porta. Podia haver muitos carros, muitos homens, mas pouco a pouco essas tentativas iam ficando cada vez mais parecidas com uma peça de papéis distribuídos, à medida em que as crianças se aproximavam dos seis e sete anos.
Por estarem sugerindo as idéias que levam à história, as crianças já estão participando de uma parte da criação.

Nota. – "Bem, vamos fazer uma história . . ." Estamos fazendo isso todos juntos. Não sou apenas eu contando uma história. Mais tarde, elas poderão participar da criação mais completamente ainda. Por exemplo, uma das idéias pode ficar de fora, ou você pode parar de repente e dizer algo como: "E o que vocês acham que aconteceu então?" ou "Quem é que vocês pensam que eles viram andando pela rua?" Tais oportunidades para entrar e participar são prontamente aceitas pelas crianças após apenas um pouco de experiência nesse trabalho. Professores que se preocupam com a sensação de incapacidade de inventar histórias com facilidade podem se animar com isso. Mais tarde, as crianças serão capazes de inventar histórias completamente sozinhas, mas até então elas nos ajudarão muitas vezes, se as nossas idéias se esgotarem.

O que ficou acima são algumas sugestões para maneiras de começar na escola pré-primária. Fique satisfeito com começos pequenos, pois as coisas pequenas são realmente grandes. Você terá feito um trabalho magnífico se, à época em que as crianças atingirem seis anos e meio, elas tiverem descoberto todo o significado da cadência e do ritmo, e a sua diferença; se as crianças maiores não colidirem umas com as outras, e a eqüidistância começar a aparecer durante o jogo; se elas aprenderam a amar o som; se ocasionalmente você conseguir contrastes e clímax; se você atingir um controle de "alfinete caindo"; e se absorção e sinceridade tiverem sido desenvolvidas.

Lembre-se de que você faz parte de uma equipe na sua escola e que é importante usar muitos momentos de quietude nos jogos dessa espécie, que dão às crianças uma experiência estética mais profunda e as ajuda a compreender a disciplina. Termine sempre um período assim com alguma sugestão calma. Por exemplo: *Professor:* (batendo o tambor muito suavemente): "Eu quero ouvir o tique-taque do relógio, por isso saiam bem quietinhos para a sua próxima aula."

Isto foi um jogo *pessoal;* elas têm que estar preparadas para o jogo *projetado* de outras aulas.

Você ajudará o trabalho e as crianças se, na escola pré-primária, procurar evitar qualquer tipo de representação para os pais, o uso de um palco formal e de peças escritas, e usar só bem poucas fantasias. Essas coisas interferem na absorção e daí na sinceridade, se forem experimentadas cedo demais.

Fluxo de Linguagem

Pode haver algum fluxo de linguagem espontânea em torno dos seis anos de idade e, embora o movimento seja parte importante da linguagem nessa idade, a linguagem espontânea não pode começar cedo demais. As crianças aprendem a usar e a amar a linguagem, e os sons trazem reconhecimento musicalmente. A linguagem contém vogais e consoantes. Os sons se dividem basicamente em sons prolongados e em sons breves e fortes. Cordas, sinos e gongos nos oferecem sons prolongados, a não ser que sejam especialmente usados de outra forma. Os sons fortes vêm de instrumentos de percussão, de golpes e batidas, embora naturalmente haja sons intermediários também. Por meio do amor cuidadosamente alimentado, primeiro pelo som propriamente dito, depois por sons especiais — breves e fortes, depois sons contendo atmosfera — é possível associar sons de muitas espécies (começando pelas vogais e consoantes) e com a linguagem em geral. A criança então transfere o seu amor pelo som, para a fala. Paralelamente a isso, deve vir o jogo espontâneo onde entra a fala. O treino de falar criativamente e o aprendizado do amor ao som são a melhor abordagem para a linguagem.

Aqui estão alguns exemplos reais de fala espontânea estimulada por esses métodos — e que quase sempre tem conteúdo poético ou filosófico para crianças maiores de seis anos, e muitas vezes pensamento religioso também:

Menina (seis anos): "Olhe! Lá está a minha própria querida amiga, a primeira estrela da tarde."

Menina (seis anos e meio): "E o calor chegou, e a chuva chegou, e as tristes, tristes nuvens. Então eu vi que era hora de ir para a cama."

Menina (sete anos, dançando pela sala toda): "Estou cavalgando por cima do sol montada num prego brilhante."

Menino (seis anos e meio): "E eu puxei minha arma e levantei-a, e o anjo saiu do sol e eu joguei a arma fora.

Menino (sete anos) (como o Bom Samaritano, virando o homem ferido e falando com muita ternura): "Quem fez isso?"

Trabalhando em Condições Difíceis.

Se você dispõe de pouco espaço e só uma sala de aula para trabalhar, procure afastar as carteiras. Se isso não for possível, faça o que puder e *use* as carteiras. Transforme-as em montanhas, navios, cavalos ou currais. Uma certa quantidade de movimento pode ter lugar no meio delas. Use ruídos aqui também. Se só umas poucas crianças puderem atuar de cada vez, encoraje a participação do público. Lute contra a forma do teatro rígido, com um lado dos atores (o do professor) e um lado do do público (o das crianças). Se os atores voltarem as costas aos outros atores que estão sentados e participam dos seus lugares nas carteiras, em hipótese alguma queira corrigir isso. Os atores que têm mais movimento do que os outros estão apenas fazendo parte do círculo, da roda normal nessa idade, que nós veríamos em sua totalidade sob condições mais favoráveis. Lembre-se que em Jogo Dramático Infantil não existe público assistente real e console-se com o fato de que, graças à sua bondosa simpatia, as crianças tirarão muito mais do que você pensa das condições mais adversas possíveis, por causa da sua maravilhosa imaginação. Elas precisam de oportunidade, é só isso.

Tanto nas melhores condições como nas menos favoráveis, a tarefa do professor é a de funcionar como um guia gentil e suave. Nessa idade, há necessidade de encorajamento e de algum estímulo. Se fala ou jogo não funcionam em dado momento, aprenda a perceber com sensibilidade quando fazer uma sugestão e que sugestão fazer, e quando *não* fazê-la. Esta é a arte da "nutrição" para o desenvolvimento.

CAPÍTULO IV

O QUE FAZER COM CRIANÇAS DO PRIMÁRIO
(DA 1ª À 4ª SÉRIE)

Dos Sete aos Nove Anos

Continue em linhas gerais com o mesmo trabalho da escola pré-primária, mas encoraje cenas mais longas, ofereça menos orientação para o que fazer (ainda evitando contar ou mostrar como deve ser feito), use histórias mais longas e mais complicadas, e distribua papéis mais freqüentemente. Aqui está mais um exemplo do método *O Jogo das Idéias* para atingir uma história, desta vez sem o uso do som para estimular as idéias. (Este método seria de grande valor com crianças do Primário que não fizeram nenhum desses trabalhos na escola Pré-Primária.)

Exemplo de Trabalho realizado numa Escola

Eu: "Vamos ter algumas idéias."
Criança: "Um rio."
Outra: "Um garotinho."
Outra: "Salgueiro chorão."
Outra: "Mãe horrorosa."

Eu: "Bom, agora aí vai a nossa história":

"Era uma vez um *garotinho* que tinha uma *mãe horrorosa*. Ela batia nele, deixava-o passar fome e obrigava-o a trabalhar metade da noite. Ele nunca recebeu um doce, nem mesmo um chiclé de bola. E eles moravam perto de um *rio* estreito e prateado, da cor da lua. Uma noite, o garotinho olhou pela janela. A lua estava refletida na água do rio, e ele conseguiu ver um homem na lua. Se era por causa do movimento da água ou não, o garotinho não sabia, mas de repente ele viu a boca do Homem da Lua se mexer e ouviu uma voz dizendo: 'Não fique aí, garotinho, saia e venha morar perto do rio.' Aí chegou uma nuvem e a lua sumiu. O garotinho vestiu depressa alguma roupa, tirou o seu pedaço de corda preferido e um botão brilhante que estavam debaixo do travesseiro, desceu a escada de mansinho e saiu da casa. Uma vez fora, ele saiu correndo o mais que podia, até cair exausto na margem do rio, e adormeceu ali. Ele dormiu e sonhou que um *salgueiro chorão* se inclinou sobre ele e cantarolou uma cantiga de folhas. A árvore cantava: 'Eu serei a sua mãe. Se você quiser força, chupe o ramo verde que eu estendo para você e tudo estará bem.'

"O garotinho acordou e, de fato, lá estava o salgueiro chorão, acenando e esperando. Ele chupou um dos ramos verdes. Uma onda de felicidade subiu dentro dele e ele sentiu um gosto de mel, elétrico. Ele correu e correu, com o orvalho nos cabelos e o sol brilhando através deles. De repente, ele viu um sítio e o granjeiro lhe deu alguma lenha para cortar, e comida em troca desse trabalho. Mas o garotinho nunca quis ficar com o dono do sítio e sua boa mulher. Ele sempre voltava para o salgueiro chorão, a sua nova mãe. Sempre que precisava de força, ele chupava o ramo verde. E o garotinho cresceu e cresceu e se tornou o mais forte lenhador em toda a região. Mas um dia o rio ficou bravo e começou a quebrar as suas margens. Sem saber por quê, o garotinho, que agora já era um garotão, como vocês se lembram, de repente pensou em sua mãe verdadeira. De repente, com um estrondo, parte da margem cedeu e a água do rio começou a transbordar. O menino saiu correndo para a sua velha casa e chegou bem na hora de salvar a sua mãe da inundação. Eles fizeram uma jangada de uma porta velha e foram remando para o sítio do bom granjeiro. No tempo que levaram para chegar ao alto do sítio, a velha mãe já tinha se arrependido das suas maldades e o garotinho a tinha perdoado. Todos eles ficaram vivendo no sítio e a mulher do bom granjeiro ensinou a mãe do garotinho como ser bondosa o tempo todo — uma coisa bem difícil de conseguir. Mas sabem duma coisa, quando o rio voltou para o seu longo leito, o salgueiro chorão tinha desaparecido completamente. Não foi uma coisa extraordinária? Às vezes o Homem da Lua parecia surgir no rio e mexer a boca, mas por algum motivo que não dá para entender ele nunca mais falou de novo."

Cena de um Jogo Dramático Infantil.

Adolescente do 2º grau, dramatizando a dor pela morte de um amigo.

Adolescentes do 2º grau treinando, através do drama, como se comportar em prováveis situações reais. O credor tenta a todo custo reaver o dinheiro de uma dívida.

Piratas preparando um motim.

Criança: "Por que o rio ficou bravo?"

Eu: "Não sei. O que você acha?"

Outra criança: "Ele ficou bravo com a mãe porque ela fez uma coisa horrível."

Outra: "O homem na lua disse uma coisa que ele não gostou."

Eu: "Sim, pode ter havido toda sorte de razões. Agora, quando nós chegarmos nesta parte da história (todos de vocês que quiserem), pensem no que faria vocês ficarem bravos, se vocês fossem o rio. Aí então o rio vai ficar bravo mesmo. A casa do garotinho é ali. E o rio vamos deixar aqui. Façam um bonito desenho com ele. Onde vai ficar a árvore?" (As crianças me disseram tudo. Eu só queria dar-lhes geografia suficiente para que as partes essenciais ficassem claras. Elas sugeriram o resto e escolheram o elenco.)

Uma criança: "Podemos usar a mesa para ser a casa?"

Eu: "Podem, e o resto da casa podem ser vocês três." (Sugeri isto porque três crianças queriam obviamente se reunir ao grupo mas ainda não tinham sido convidadas. Elas representaram os ângulos da casa. Mas dez ou quinze crianças ainda estavam num lado da sala, e umas oito, no outro.)

Eu: "Vocês dez vão ser os animais do sítio. E o resto será o rio."

Não precisei dizer mais nada. As crianças organizaram tudo o mais. Eu apenas sugeri quando deveriam começar. Todas se associaram para fazer o "cantarolar de folhas" do salgueiro. As crianças que estavam sendo o rio deitaram-se numa linha ondulante e se levantaram num enxame para inundar as margens. Usamos parte de uma gravação da música de *Job* para acompanhar isso. Minha tarefa era de fazê-la entrar suavemente no gramofone para providenciar um fundo inspirador. A história levou vinte e quatro minutos para ser representada. (Ver Diagrama B)

Polindo as Improvisações

Permita maior número de repetições dos temas dos jogos dramáticos e, de vez em quando, faça um polimento das tentativas improvisadas, oferecendo sugestões. Para que o seu entusiasmo não arrefeça, deixe-as representar até o fim a primeira vez e comente depois.

Exemplo

"Sim, gostei do jeito de vocês fazerem isso. Vocês acham que poderíamos fazer isso ainda mais — (NÃO — *vocês estariam melhor se*) — interessante e emocionante?"

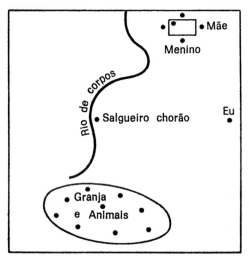

Diagrama B

Aceite as respostas das crianças. Use as suas sugestões, se aparecerem, e acrescente alguma coisa de seu, como: "Pensei que poderia ficar melhor se o mensageiro entrasse ainda mais excitado, mais apressado, então as pessoas que o perseguiam podiam entrar correndo também; mas em vez de ficarem todos amontoados naquela parte da sala, elas poderiam usar o espaço deste lado, enchê-lo e fazer uma forma bonita." Eu não lhes digo, nessa idade, que forma devem fazer, apenas chamo a sua atenção para algum pedacinho de beleza que lhes possa ter passado despercebido. Elas o fazem — não eu.

Essa única sugestão pode ser o suficiente para emprestar maior vida ao tema todo. Poucas sugestões, mas cuidadosamente escolhidas, estão certas. Demasiadas sugestões deprimem as crianças. Devemos tomar muito cuidado para não interferir nem aborrecê-las com a insistência.

Espero que esses conselhos ajudem a quem tenha receio de que a direção possa matar a criação e, por outro lado, encorajem aqueles que estão convictos de que um adulto simpaticamente compreensivo tem uma contribuição importante para dar, quando está presente durante o jogo dramático na escola. Esses momentos são educação, coisa diferente do brincar no recreio ou parque. As crianças não vão à escola à toa. Mas é de bom alvitre aceitar a maneira delas de fazerem as coisas e não é desonesto aproveitar as oportunidades para adquirir sabedoria e encontrar realização juntos.

Fluxo de Linguagem

Ao redor dos nove anos de idade, as crianças estão bem-capacitadas para inventar e representar suas próprias histórias, embora o diálogo se torne mais terra-a-terra e a mente mais ágil. Aqui está um trecho do diálogo de uma dessas criações:

Menino (como dono de fábrica, ao malandro tentando arranjar um emprego): "Como é que tu vai entrar na minha fábrica com esses ombro tão largo? A porta é muito estreita."
Malandro (ligeiro como um raio): "Ora, eu entro de banda.

Ouvimos jargão genuíno e um fluxo de linguagem muitas vezes vindo diretamente do ambiente familiar, nessa idade. "Explosões" de linguagem, criativa ou não, sempre devem ser encorajadas. É importante que haja prática. Não é preciso recear que crianças francas e abertas fiquem atrevidas; geralmente elas não o são, e, ganhando sua amizade e confiança, acabamos sendo recompensados pelas suas tentativas de serem agradáveis e prestimosas. Mas isto depende totalmente de se o adulto trata a criança com toda a honestidade como um ser humano decente, ou como alguma coisa inferior.

Jargão é antes de tudo uma questão de música e de o ouvido se acostumar a certos sons. Embora possamos amar a fala correta, é muito importante não deixar que as crianças fiquem envergonhadas da música do seu ambiente familiar. Forçar uma modificação artificial da música pessoal da fala pode cortar muitos elos e produzir um peixe fora da água. Uma linguagem artificial, meio melhorada, não deixa ninguém feliz. É muito melhor deixar o jargão em paz, mas encorajar alguns hábitos de clareza. Ao mesmo tempo, é perfeitamente possível dar à criança a idéia de ligar a fonte de uma outra espécie de linguagem, que não deve ser apresentada como *melhor, mas diferente.* A maioria das crianças são muito adaptáveis a este modo, e são capazes de ligar a fonte bem-facilmente e, se encorajadas da maneira correta, de descobrir com presteza as ocasiões quando as diferentes linguagens são apropriadas. Por exemplo, é comum algumas crianças falarem razoavelmente bem e em voz baixa na escola, e de falarem alto e ininteligivelmente na rua. Mas é interessante notar que, quando uma boa oportunidade para o fluxo da linguagem é dada na escola, a grosseria, fora dela, diminui. Isto não acontece quando uma instrução formal é o único treinamento recebido, pois uma das causas da estridência é a falta de oportunidade para "descarregar". Haverá irrupções em algum lugar, de alguma forma; não custa nos assegurarmos de que elas sejam legítimas, intencionais, criativas e belas.

Também acontece que nos são trazidos pedaços aparentemente incongruentes e anacrônicos de experiência da vida. Por exemplo, um grupo de monges especialmente santos que conheci certa vez costumava irromper de repente cantando o "Barril de chope" ("Roll out the barrel"), a intervalos regulares. Mas, no fim das contas, há uma certa lógica nisso.

Aqui está um exemplo de diálogo inventivo:

Menina (oito anos): "Eu sou o homem do nariz elétrico. Eu falo e faísco como o sol e os malvados têm medo das minhas faíscas quando eu chego. Eu também tenho medo delas, mas não conto a ninguém."

Representando

Quando as crianças inventam seus próprios jogos dramáticos, permita a representação de muitos personagens e temas que você não aprova. Desta forma, aliviam-se problemas pessoais e familiares e os efeitos de assistir a filmes anti-sociais e ouvir rádio violento podem ser "descarregados". Não devemos esquecer que nesses momentos as crianças repartem conosco importantes segredos pessoais; trata-se de uma confissão; elas encontram alívio na nossa amizade que lhes permite representar, simulando atos ilegais de uma maneira legalizada. Não devemos fazê-las se calarem ou repreendê-las.

Deve-se notar que a representação terapêutica dessa natureza simples é, em grande parte, inconsciente (embora a caricatura intencional possa estar contida nela) para a criança mais nova, e é um erro impor, subitamente demais, problemas conscientes para serem representados. Isto é um assunto muito importante a considerar para aqueles que se preocupam ou trabalham com crianças desajustadas ou emocionalmente perturbadas.

Esse tipo de jogo é uma forma de expelir, cuspir fora, podendo ser transformada, paulatinamente, em histórias de caráter mais aceitável, se o critério adulto for livre de preconceitos e se o momento correto for escolhido para fazer as sugestões.

Exemplo

Por meio de um julgamento cuidadoso e um pouco de orientação cautelosa é possível fazer com que um "gangster" termine como Cristóvão Colombo — o que é maravilhoso, porque Cristóvão Colombo é História e, portanto, respeitável.

Isto poderia acontecer através de discussão:

"Muito bem, já tivemos muito bom trabalho de "gangster". Agora vamos mudar um pouco de tema e colocar o nosso "gangster" num barco. Alguém sabe alguma coisa sobre piratas? Como é que eles se vestem? Quem é que tem de lidar com contrabandistas? Alguém sabe?"

Então, trabalhamos no sentido de considerar a guarda-costeira; deixe as crianças *jogarem* sobre esse tema, e depois prossiga com umas palavras mais ou menos assim:

"Deve ter sido terrível naqueles tempos quando não se podia partir para uma viagem marítima sem ter medo de piratas. Vocês sabem os nomes de algumas pessoas que tenham achado difícil embarcar para o mar? Não necessariamente alguém que estivesse com medo, mas alguém que precisasse parar para pensar duas vezes sobre piratas? Alguém sabe de nomes da História, de pessoas que tiveram um problema assim?"

Se ninguém responder, forneça um nome. Sugira uma viagem de descobrimentos. Associe o comportamento rude dos bandidos originais com um propósito mais construtivo; deixe-os serem exploradores e selvagens com todo o vigor mas, se você quiser assegurar um pouco de instrução moral, trate de fazer com que em algum momento eles compreendam que o personagem positivo pode ganhar. Eu sempre tenho um período no qual deixo passar a insinuação de que pode existir um guarda-costeiro bom, e um bom pirata, e que a misericórdia, de preferência à morte, e a justiça, de preferência à lei, são importantes. Isto ajuda as crianças a compreenderem a autoridade na escola sem ressentimentos.

A representação dramática tem um efeito de marcante melhora no comportamento e pode funcionar como uma forma simples de prevenção de neuroses. É apenas um ligeiro exagero dizer que a clínica tem de remendar por meio de representação e jogo dramático, o que a nossa educação não conseguiu prevenir.[1] Não seria mais sensato estabelecer essa forma mais simples de prevenção numa escala muito mais ampla, no sistema educacional? (Estou certo de que assim será, algum dia.)

Que ninguém fique perturbado por essa referência à terapia. Grande parte disso é um processo perfeitamente natural e, de qualquer maneira, é muito importante não sufocar um saudável interesse pela aventura. Este é um lado viril da juventude, parte potencial de uma nação viril; ela só precisa de orientação adequada.

No capítulo dedicado a esse assunto no livro principal, "Child Drama",

---

1) Ver também *Dramatherapy as an aid to Personal Development*, publicado pelo Guild of Pastoral Psychology, 25 Porchester Terrace, London.

o Dr. William Kraemer, ex-Vice-Diretor da Davidson Clinic, Edinburgh, e agora trabalhando em Londres, é assim citado:

"Estou de pleno acordo com as idéias de Peter Slade sobre *drama*. Ouvi muito sobre seu trabalho e vi alguma coisa, e estou certo de que "drama" na concepção provará ser de grande valor na educação e na terapia da sociedade e do indivíduo. Slade enfatiza corretamente o papel que o *drama* deveria representar na prevenção de neuroses. Concordo plenamente. Tive muitos casos sob minha observação nos quais o drama (jogo dramático) teve um efeito curativo em enfermidades neuróticas e, algumas vezes, ele teve a maior importância. Quase não existem pacientes que de uma forma ou de outra não tenham encontrado na expressão artística o caminho para a saúde. Pode ser desenho ou pintura, música ou poesia . . . é sempre uma atividade criativa, é sempre *drama* na sua definição por Slade como o "fazer" criativo."

Blocos "Praticáveis"

Continue usando ainda somente o espaço do chão na escola primária. Se existir palco no salão, use-o somente para localização simples, como por exemplo um palácio. O mundo é o assoalho do salão, onde a maior parte da ação deve se desenrolar no desenvolvimento do genuíno Jogo Dramático Infantil.

Porém, não deixe de usar blocos "praticáveis". Estes podem ser usados no jogo projetado, como um desenvolvimento dos bloquinhos de construção das crianças pequenas, e no jogo pessoal como um meio de desenvolver o senso da música, ritmo e clímax dramático, e também para começar a perceber a sensação de estar mais alto. Descobri isso, estudando o enorme império das brincadeiras de rua. Nos jogos de rua existe o descobrimento de níveis mais elevados, por causa das guias e das calçadas contrastantes com o leito da rua. Entre muitas aventuras rítmicas propiciadoras de deleite, pude distinguir, no jogo de correria, o clímax. Isto acontece quando a música emocional dos pés leva a criança a subir na calçada. O nível mais alto por si só parece ser um estímulo e é claramente usado com satisfação consciente. Pretendo que o maior número possível de crianças tenha a oportunidade de descobrir essa alegria *dentro* da escola, onde ela pode ser ainda mais construtiva e isenta de perigo de vida.

O jogo de correria em si parece ser uma expressão de pura alegria, acompanhada geralmente por joelhos fletidos, braços abertos e afastados e expressão estática. Ele só floresce numa atmosfera feliz, e eu nunca o vi em qualquer escola primária onde se usasse amplamente um palco e onde um teatro formal, com peça escrita, tivesse lugar.

O uso do nível mais elevado oferecido pelos "praticáveis" é também uma lenta aproximação para o uso de um palco.[1] Qualquer uso repentino de um palco traz consigo o exibicionismo, que é tão prejudicial à personalidade em desenvolvimento como ao próprio drama.

Dos Nove aos Onze Anos

Entre os nove e onze anos de idade, quando o jogo dramático já se estabeleceu, o adulto tem a oportunidade de acrescentar algo mais às criações das crianças. De forma alguma o seu melhor trabalho é destruído pela sugestão do uso de temas tirados dos mitos e das lendas do mundo todo. Isso nos ajuda a familiarizá-las com a literatura. Elas já terão tomado conhecimento de algumas dessas histórias nas suas aulas de leitura e, ao usá-las, nós lhes damos oportunidade para caracterizações e situações mais complexas e a possibilidade de desenvolverem um sentido mais profundo de enredo e de forma. Algumas dessas histórias podem ser ensaiadas com trajes de fantasia e, desde que a espontaneidade seja cuidadosamente conservada, podem nos oferecer notáveis visões de relance na arte das crianças, o Jogo Dramático Infantil, agora se aproximando mais do teatro.

Peças escritas não se recomendam de todo para a escola primária, de modo que mesmo nesse tipo de criação nós usamos a história apenas como um tema para a expressão espontânea, e o movimento pode se deslocar pelo recinto inteiro. Mas nós lhe damos polimento.

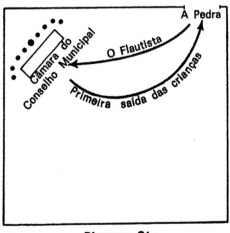

Diagrama C1

---

1) Vide também *"School Stages"* (Palcos Escolares), um folheto publicado pela Educational Drama Association.

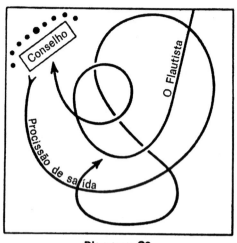

Diagrama C2

Exemplo (ver Diagramas C1 e C2)

Esta escola estava começando uma improvisação sobre o mito usado "Pegador de Ratos (o Flautista) de Hamelin". O trabalho estava progredindo razoavelmente bem em partes, mas era um tanto pobre de imaginação. A professora queria retocá-lo um pouco, mas ele não estava melhorando.

Professora (para mim): "O que o senhor faria para melhorá-lo?"

Eu: "Bem, em primeiro lugar, tente deixar a coisa toda abrir com o Flautista dançando sozinho — talvez treinando a sua música mágica especial. Eu sempre quis saber de onde ele tirava a magia dessa música. Você poderia discutir isso com as crianças, alguma vez. Elas com certeza lhe darão todo um começo novo para essa história, que nós adultos conhecemos tão bem. O que nós não sabemos é se era o flautista ou a sua melodia que enfeitiçava os ratos e as crianças. Eu pelo menos não sei. Mas, sobre o que acabo de assistir: os Conselheiros da cidade ainda não criaram vida. O burgo-mestre precisa de mais caracterização. Ele é fraco ou mandão? O movimento em roda, quando as crianças seguem o flautista, está sem graça. Faça-os usarem uma ampla roda em volta do recinto inteiro. Pode haver um rufar lento de tambor para acompanhar os passos lentos do flautista se aproximando do Conselho Municipal culpado. Dê mais atmosfera a tudo. Se ninguém sabe tocar flauta, coloque uma música de "magia" na vitrola durante a marcha em roda, mas não deixe de interrompê-la abruptamente no momento em que a pedra se fecha de repente atrás das crianças. No momento de silêncio criado pelo cortar súbito da música, seremos mais profundamente tocados pelo solitário e rítmico bater das muletas do aleijado. E não poderia haver também uma música especial para os ratos? Ou converse com as crianças sobre que ruídos podem ser feitos, chocalhando coisas ou fazendo matracas para a correria dos ratos. Acho também que o burgo-mestre deveria ter um festim à altura. Deve haver caranguejos, velas, doces, sorvetes, serpentes marinhas, guardanapos cômicos, montes de garrafas de refrigerantes, barulhos de rolhas saltando, balas de estalo e o tilintar dos talheres. O banquete ainda está muito sem graça. Não posso acreditar que o burgo-mestre tenha adquirido a sua pança com o que você lhes permitiu fazerem até agora."

Professora: "É mesmo, estou percebendo. Eu não tenho imaginação."
Eu: "Mas, tem sim. Lá bem no fundo de você ela está esperando a hora de sair. Mas não tente criar tudo sozinha. Converse e discuta bem mais detalhadamente com as crianças. Elas lhe darão idéias e ajudarão a sua mente a fluir. A sua tarefa com crianças desta idade é acrescentar um pouco de forma ao seu trabalho, como esta ótima música que você está usando para construir o final do jogo. As crianças estão todas na cadência e há uma saída boa e forte. Realmente, muito bom trabalho."
Professora: "Oh, que bom que eu acertei alguma coisa."
Eu: "Você acertou muita coisa. Coragem. Continue. Você vai indo bem."

Não é fácil pular para dentro de um mundo novo, mas podemos ir nos infiltrando, descobrindo cada vez mais o que se passa na mente da criança. Sempre há alguma coisa. Precisamos descobri-la.

Professora: "Não quer assumir um pouco?"
Eu: "Só vou tentar soltá-las um pouco, se você quiser."

Então eu discuti com as crianças sobre o que seria o melhor banquete do mundo, na esperança de que a professora tomasse nota. Depois de um bom estouro imaginário, todos se transformaram em ratos gordos e dançaram ao som de um disco de rumba (apropriada, ao que parece, para criaturas de barriga cheia). Depois de conversar sobre como poderia ser uma verdadeira música mágica nessa situação, terminamos com uma possante procissão com todos os conselheiros, ratos e crianças do mundo fazendo amizade, marchando em uníssono em grandes padrões em forma de 8 por todo o assoalho do salão, ao som candente do balé *Sylvia*. A fala viera bem mais livremente, a absorção melhorara e a representação ficara muito mais vigorosa e

57

verossímil. Mais tarde eu soube que uma bruxa dissera ao flautista que música usar, e um duende montado num camelo levara telegramas do flautista para o Conselho Municipal.

Sensibilidade Grupal e Dança Infantil

Após os nove anos de idade é possível desenvolver sensibilidade grupal durante a dança criada pelas crianças. Elas sentem e dançam juntas nesses momentos e não há colisões de todos. Os círculos de turma[1] desaparecem e a eqüidistância torna-se marcante. Existe um só grupo sensitivo dançando de comum acordo. Estou pessoalmente convencido de que esta é uma experiência social da maior magnitude, e que aqueles que saírem da escola sem tê-la experimentado terão perdido uma contribuição importante tanto para elas mesmas como para a comunidade.

A própria dança pode ficar extremamente bem-desenvolvida entre os sete e os doze anos de idade, onde for oferecida a oportunidade para isso. Em torno dos nove ou dez anos, podemos esperar ver um intenso trabalho imaginativo de tipo fluente ou estilizado. Ele pode ser etéreo ou rasgadamente cômico. Pode ser de turma (algumas crianças dançando juntas), ou de toda a comunidade (a classe inteira). As danças, como os jogos, podem ser criações em parte das crianças e em parte do professor; muitas vezes as crianças fazem a coisa toda sozinhas. Presta-se muita atenção ao som dos pés e aos relacionamentos espaciais. A intensa beleza do trabalho está nos padrões, como que desenhados pela trilha do movimento sobre o espaço do chão e nos grupos sempre em mutação. O cerne do trabalho é a absorção e a sinceridade, e a sua mestria exterior está no uso do espaço.

Uma das coisas importantes na genuína Dança Infantil é que ela ajuda a desenvolver um estilo individual de movimento. O estilo individual na dança é tão importante como o estilo na letra escrita. Pode-se dizer que esses são de novo os dois lados da expressão, o jogo pessoal e o jogo projetado. Estão ligados à personalidade, e este é o segredo do efeito profundo da dança. A sugestão de que existe um estilo individual levantará muitas questões sobre a desejabilidade de se impor cedo demais formas especializadas de movimento.

Chega também um tempo, entre os nove e os onze anos, que eu aguardo com interesse: durante o jogo no chão, a criança pára e conscientemente inclui o seu vizinho, e o jogador além dele, e ainda o seguinte. É o que Spengler, em outro contexto, chamou de "consciência de profundidade", que mais tarde ficará ligada à capacidade de usar perspectiva em Arte (plástica) Infantil.

---

1) Os grupos geralmente são formados por cinco a sete crianças.

58

Procure ajudar a criança a encontrar isso em três dimensões reais durante a dança. Isso afeta a pintura e torna menor o problema posterior do descobrimento técnico da perspectiva. O Jogo Dramático Infantil, mais amplamente reconhecido, pode um dia acrescentar muito conhecimento ao que sempre constituiu um certo enigma nesse processo. Eu apenas descobri que aquelas coisas funcionam assim, e que o Jogo Dramático Infantil facilita e enriquece a Arte Infantil de muitas formas.

Ao redor dos onze anos de idade, deverá existir extrema sinceridade e absorção durante o jogo, muito movimento bonito e um fluxo sadio e fácil de linguagem espontânea que, comparado com um texto aprendido, é como a vida diante da morte. Não escreva peças para as crianças nem use outras peças escritas. As tentativas delas mesmas de escrever peças também não funcionam. A criança dessa idade não tem facilidade para escrever diálogos, embora seja bem capaz de falá-lo. O resultado, em comparação, é desapontador, e horas de trabalho das crianças produzirão um pequeno e pobre veículo que será representado em poucos minutos. É muito melhor encorajá-las a escrever uma história sobre o que acontece no seu jogo. Nisso elas terão bom êxito e você descobrirá, ocasionalmente, afirmações diretas incluídas na história. Esse é o começo do diálogo.

Trajes

Embora crianças dessa idade se deliciem com trajes e fantasias, sua graça e beleza de movimentos ainda ficam um pouco tolhidas pelas roupas. Onde trabalho e condições como as acima descritas não prevalecem, faz-se maior uso de trajes, mas onde o *drama* da própria criança é permitido e compreendido, encontramos mais prazer no próprio *drama* e, as crianças, por sua própria vontade, podem querer usar apenas bem poucas fantasias, ou dispensá-las de todo. Os adultos devem tomar cuidado para não sobrecarregar as crianças com roupas, pois isso as deixa desconcertadas. Do ponto de vista criativo, pedaços de fazendas atraentes são melhores do que roupas acabadas, pois as crianças podem continuar a criar com os panos, construindo um personagem verdadeiro com roupas combinando. Um traje superelaborado muitas vezes sobrepuja a criação, e a verdadeira caracterização diminui por causa do interesse em desfilar de cá para lá. Isto por sua vez tende para maior exibicionismo e conseqüente deterioração, quiçá de todo o período de trabalho.

O uso criativo de pedaços de retalhos contém também lições valiosas na esfera da escolha e do gosto, com toda uma gama de trabalho de costura muito criativo e interessante; pedaços de papel ou objetos podem ser costurados ou pregados em panos coloridos. Mas a versão mais completa desse trabalho é tão absorvente que é melhor que ela seja feita separadamente. E, novamente, o figurino final (que é melhor do que a fantasia já pronta), é freqüentemente amado. admirado e cuidado demais para servir de ajuda útil num bom *drama*. Ele é usado para um desfilar cuidadoso e absorto, que é mais uma realização pessoal do processo de criação artística e é apenas *drama* da espécie menos óbvia. Por outro lado, a criação mais rápida e simples é intencionalmente indicada como elemento auxiliar para o *drama*. Envergar trajes "não-criados", raramente é arte ou *drama,* geralmente existe por trás disso, uma motivação muitas vezes ligada ao adulto e geralmente ruim.

Trabalhando em Condições Difíceis.

Se você tiver de usar salas de aula, empurre as carteiras para perto das paredes. Se houver motivos suficientes para não fazê-lo, pense numa nova arrumação, completa e permanente, de maneira a deixar mais espaço no centro. Isto ajudará o ensino. O mesmo número de carteiras pode caber em três lados ou num semicírculo. Se não, use as próprias carteiras, como faria ocasionalmente, para encontrar um nível mais elevado, com blocos praticáveis.

Faça todo o possível para evitar a sugestão de que ator e público são diferentes. Não encoraje um narrador, que interrompe as cenas e se dirige ao público. Encoraje a participação do público, se alguns tiverem de permanecer sentados nas carteiras. Não faça parar atores que voltam as costas à platéia: não estamos no teatro. O que está tendo lugar é muito mais importante. É a própria vida em processo de criação. Pode haver pequenos círculos em espaço exíguo, ou um semicírculo contra a parede do fundo. Encoraje o jogo entre as carteiras também, se elas estiverem em filas com passagens.

A existência da turma torna a divisão em grupos menores de jogo um processo bastante natural nas escolas primárias; mas não encoraje diferenças entre atores e público, ou terá exibicionismo. A sala de aula é, porém, um lugar perfeitamente razoável para pecinhas curtas, criadas pelas crianças e representadas por grupos sucessivos. Embora falte espaço, muito mais se acaba ganhando. Encoraje o fluxo de linguagem. Se este tiver tido uma boa oportunidade e continuidade desde o pré-primário, estará bom a essa altura. Não interrompa fala improvisada só porque não pode com ela ou não lhe percebe o motivo. Ninguém interrompe a redação escrita porque se entediou com as composições das crianças. Não interrompa a prática da linguagem.

Tanto com os pré-adolescentes como com as crianças do pré-primário, a tarefa principal do professor é a de funcionar como um guia bondoso e suave. Mas na escola secundária há necessidade de maior polimento ocasionalmente, quando se aprofunda mais o assunto. Entretanto, a responsabilidade pela criação deve ser gradualmente entregue cada vez mais à criança,

60

Dois momentos de um Jogo Dramático Infantil. O tema é uma guerra entre duas tribos indígenas.

Dança improvisada tendo como tema o "nascimento de uma árvore".

Menina do 1º grau: Trabalho individual bom, apresentando ótimo domínio de espaço, graça e leveza de movimento.

até que, com as mais velhas, ela lhes é passada quase que por inteiro; junto com isso vem a responsabilidade pelo bom comportamento. Esta é a maneira de ajudar os pais e evitar, em parte, a delinqüência.

O Jogo Dramático bem-sucedido é não só educação no que ela tem de melhor, mas prevenção também. Ele oferece uma válvula de escape legítima para a energia de bomba-atômica desse grupo social que chamamos de turma.

CAPÍTULO V

O QUE FAZER COM PRÉ - ADOLESCENTES (DA 5ª À 8ª SÉRIE)

Crianças de Onze a Treze Anos de Idade (Já Experientes)

É raro haver necessidade de se fazer muitas sugestões a crianças dessa idade que já tiveram experiência de Jogo Dramático Infantil. As idéias fluem, embora ainda haja necessidade de observação cuidadosa e de encorajamento para aquelas que parecem acanhadas, pois é nesta idade que pode se desenvolver a timidez. Nós podemos evitar que isso aconteça. Continue na escola secundária moderna, como na precedente. Pelo menos no decorrer do primeiro ano, encoraje e conte com o jogo dramático no espaço do chão. Normalmente, os temas serão mais completos e a execução mais acabada (embora às vezes possa haver resquícios de idéias mais infantis, por causa da perturbação emocional resultante da mudança de escola), mas o aspecto exterior do comportamento, no assoalho, freqüentemente será o mesmo, embora a forma na pintura possa ter começado a se orientar para o futuro. Para muitas crianças o ponto alto de representar de uma forma que não inclua a frente do palco continua depois dos onze anos. Também a consciência e a compreensão de profundidade pode não ter qualquer manifestação pronunciada em formas exteriores de jogo, até os treze anos mais ou menos. Tenha em mente que pode haver um progresso gradativo sobre o

65

espaço do chão em direção ao palco, ou pelo menos para um jogo que tem lugar numa extremidade do recinto. Com crianças do primeiro ano, conserve o pano de boca fechado (se houver um). Isto reduz a influência avassaladora do palco sobre o trabalho das crianças. Qualquer movimento em direção a ele, então, provavelmente irá se transformando num genuíno chamado interior para novas formas de expressão e descobrimento.

Para Principiantes

Se as crianças forem inexperientes comece como com as crianças menores, construindo uma história ou situação com idéias reunidas entre as das crianças e as suas; essas naturalmente serão "mais velhas" do que as mostradas nos exemplos do curso primário.

Exemplo – Alguém sugeriu uma estação ferroviária:

Professor: "Que tipo de gente aparece numa estação?"
Ao nível do pré-primário, a resposta esperada seria "trem", "homem com bandeirinha", etc. Aqui, com as crianças maiores, elas são:
Uma velha senhora cansada;
Um passageiro irritado e apressado que perdeu a passagem;
Um cachorro amedrontado.

Podemos ajudá-las a adquirirem mais senso de caracterização e de situação, e maior observação do drama cotidiano da vida.
Toda a sala de aula ou salão pode então ser transformada numa estação de estrada de ferro; mais tarde, quando já se ganhou alguma prática de ser essa gente, pode-se introduzir uma situação simples, como por exemplo, alguém furtando a bolsa da velha senhora, ou o cachorro assustado latindo para um velho, etc. Essas cenas precoces podem ser bem curtas, mas podem ser feitas em sucessão bem rápida. Mantenha as coisas em andamento para que a cena não morra.
Deixados por conta própria, os meninos muitas vezes fazem jogos sobre *"gangsters"* ou temas espaciais, e as meninas usam temas como lojas de chapéus. Mas até mesmo *butiques* podem ser desviadas para considerações sobre como servir cortesmente atrás de um balcão.

Exemplo – Doze a Treze anos (Meninas)

De uma visita a uma escola:
Elas estavam improvisando uma cena de *butique* de chapéus, no assoa-

lho do salão defronte do palco, já havia algum tempo. Mas a imaginação estava falhando um pouco e o jogo estava se esvaindo.

Eu: "Vocês acham que a balconista estava sendo bastante gentil para com o velho cavalheiro comprando um chapéu para a sua esposa?"

Meninas: "Não."

Eu: "Eu sei que isto foi o trabalho de vocês mesmas, mas não poderíamos tentar de novo e pensar cuidadosamente como servir bem e mostrar consideração pelo freguês?"

Começamos de novo. As meninas atrás do balcão conversavam. O freguês esperava.

Eu: "É melhor dar atenção ao freguês imediatamente. E não seria também ¬ais gentil oferecer uma cadeira às pessoas mais idosas?"

Começamos de novo. Elas foram muito mais atenciosas.

Eu: "Bom. Assim está muito melhor. Eu mesmo não me recusaria a entrar nessa *butique*. Só uma coisa. Vocês perceberam que a moça que entrou para buscar um chapéu para a velha senhora fez uma careta para a outra moça? E se vocês mesmas fossem de fato a velha senhora, o que sentiriam?"

Respostas: "Ficaria zangada." "Ficaria nervosa." "Eu iria embora."

Eu: "Sim, vocês poderiam fazer qualquer uma dessas coisas. Acho que nós não lembramos suficientemente que, quando lidamos em lojas, bancos, ônibus e escritórios, estamos realmente *servindo* o público. As pessoas têm um direito líquido de esperar — de nós — atenção e boas maneiras. E isto é muito melhor para os negócios também. Vende-se mais deste jeito."

Experimentamos diversos grupos de compradoras e vendedoras. A melhora foi bem rápida.

Eu: "Agora, antes da próxima vez, quero que vocês pensem bastante sobre tudo isso, e na semana que vem vocês poderão mostrar à sua professora a melhor, mais bem-dirigida e mais cortês das *butiques* de chapéus do mundo inteiro. E aposto que será bom mesmo. (Ver Diagrama D)."

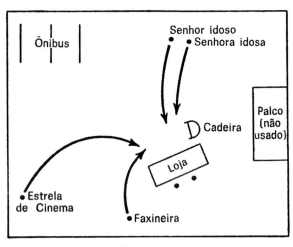

Diagrama D
Como Ultrapassar o Espaço entre Improvisação e Peças Escritas

Ao redor dos treze anos pode-se esperar o aparecer gradativo da vontade de ter uma peça escrita. O primeiro passo para isso é a improvisação, após a qual o professor anota certas sentenças selecionadas sobre as quais o grupo está de acordo como sendo as melhores; depois, repete-se a cena, conservando as frases anotadas, embora o resto possa mudar ligeiramente. Torne a repetir isso, porém, com mais comentários posteriores, para ver se dá para introduzir mais melhoramentos no diálogo, tomando cuidado para que ninguém fique com a sensação de ter ido mal. Não diga coisas como: "Não, não, assim não dá, ele não diria uma coisa dessas"; mas encoraje-as com observações como: "Não sei se esse homem, naquela situação, diria mesmo isso. Vocês não acham que talvez ele pudesse estar um pouco mais assustado ou emocionado?" Dessa forma você obtém confiança e interesse por sugestões grupais e aqüiescência do grupo sobre a melhoria das falas anotadas. Agora já existe uma boa parte escrita. O resto é ainda deixado à improvisação. Estágio final — a discussão, com ou sem jogo improvisado, acerca de algum tema que tenha a ver com a escola, ou com algum problema simples da vida, ou algo de emocionante que apareceu nos jornais. Aqui uma peça completa pode ser desenvolvida e escrita, e decorada se for considerada boa. As crianças podem ser encorajadas, depois de tais experiências, a escreverem suas próprias peças, tendo apanhado algumas noções sobre diálogo eficaz, enredo, forma e extensão de cena. Não tolha necessariamente os seus esforços, colocando-as sobre o palco; é melhor, no começo, sentir e representar *jogando* na forma apropriada para a situação, que pode ser no assoalho do salão.

Depois disso, as crianças podem estar prontas para peças escritas por outras pessoas. Mas não permita consideração excessiva pelo seu próprio amor pela *boa literatura* para forçar o andamento. Tudo sai melhor quando evolui lenta e organicamente; além disso, o adolescente ainda está procurando a si mesmo. Peças simples, oferecendo boa caracterização, são muitas vezes mais importantes do que a coisa "de qualidade". Estamos educando indivíduos nesse processo, não estamos treinando atores profissionais. Mas continue desenvolvendo o interesse das crianças pelo som e elas começarão a "ouvir" a beleza na literatura. Esta é uma maneira muito melhor e mais genuína de atingir o bom gosto.

Blocos Praticáveis

Continue a usar blocos praticáveis porque, permitindo a construção das unidades, você pode notar o lento evoluir do movimento para um dos extremos do salão, indicando preparo emocional e intelectual para a forma mais tradicional de teatro. Esta está chegando agora não porque nós a queremos, mas porque *as crianças* a querem. Só assim se evita uma dominação artificial pela forma teatral "de proscênio". Se e quando elas pedirem um palco, abra as cortinas e deixe que elas o usem. Eu sempre espero que isto não aconteça cedo demais na vida de uma criança; muito se perde por causa de uma experiência demasiado precoce no palco. Algum elo importante na região do descobrimento da profundidade e a lenta apreciação da perspectiva (ver página 59) podem ficar perdidos; e também oportunidades para jogos de correria e pela absorção inconsciente de toda a História do teatro e suas várias formas.

Note o que acontece com a arte. Espere que o descobrimento da forma de perspectiva teatral esteja ligado com a exploração da perspectiva, e perguntas a respeito, na pintura e no desenho, se não tiverem surgido antes. Cuide sempre para que haja acesso fácil para o palco e para fora do palco, de modo que possa haver fluência de movimento nas duas direções. As crianças são eminentemente sábias. Não são tão vulgares a ponto de amontoar gente demais em espaços exíguos demais. Elas se juntam e se separam fluentemente quando sentem necessidade, e se regozijam com o bom agrupamento, não dirigido e intuído pessoalmente. Não existem produções conscientemente "sofisticadas" em Jogo Dramático Infantil, mas é um senso genuíno de bom gosto desenvolvido que decide a forma correta para a criação adequada.

Treze a Quatorze Anos

De modo geral, a peça escrita se firma e o movimento está tendendo a se tornar um tanto restrito. Notamos menos refluxo para fora do palco. Mas continue dando períodos regulares de improvisação, a fim de que a criação imaginativa não seja sacrificada em favor de uma abordagem literária intelectualizada.

E também faça o polimento da improvisação com mais freqüência.

Exemplo

Abaixo, parte de uma peça inventada por meninos numa escola de segundo grau representada na sala de aula. Quatro meninos entraram correndo.

1º menino: "Vamos dar uma última olhada no mapa antes de nos prepararmos para a viagem."

2º menino: "Boa idéia."

3º menino: "Eh, alguém mexeu na minha mochila."

1º menino: "A minha mochila também foi remexida."

2º menino: "E a minha também."

3º menino: "Isto quer dizer que alguém roubou o mapa."

2º menino: "Sim, enquanto estávamos lá em baixo. Deve ter sido o zelador."

1º menino: "É sim, ele tinha de fato uma cara meio estranha."

4º menino: "É mesmo."

3º menino: "Ele parecia muito impressionado com aquele idolozinho . . . que estava comigo."

2º menino: "Ele devia saber a respeito do ídolo."

4º menino: "E quem é que podia ter-lhe contado?"

1º menino: "Lembram-se quando ele entrou na sala? O mapa estava de fora, visível."

4º menino: "Não. Nós o tínhamos guardado antes dele entrar."

2º menino: "É verdade."

3º menino: "Ele ficou mesmo agitado foi quando viu o idolozinho e lembrou que ele estava ligado ao mapa."

1º menino: "Bem, eu não consigo ver para que serve o tal idolozinho."

2º menino: "Nem eu."

4º menino: "Bem, só existe uma pessoa que pode ter ficado com o mapa, e é o zelador."

Aqui a cena parou.

Professor (para mim): "Bem, é isso aí, Sr. Slade. O que é que acha disso, acha que tem alguma possibilidade? E será que há alguns pontos que possam ser melhorados?

Dramatização de uma cena na escola. O diretor não ouve as reclamações dos alunos.

Dança dramática.

Meninos jogando capoeira.

Eu (para professor): "Sim, acho que podemos melhorar isso agora.

Tem que ser um pouco mais forte e excitante, e acho que não há mal algum em sugerir isto depois a meninos desta idade. Podemos certamente fazer isso – eles já são bastante sensatos para aceitar a produção agora. (Para os meninos): Estava muito bom, e quero que vocês façam tudo de novo, mas agora, quando vocês entrarem, façam ainda mais rápido e mais ruidoso e ainda mais emocionante. Não importa a velocidade, mas procurem pensar na excitação subindo dentro de vocês como um montanha, e então vocês terão o nosso interesse total e absoluto. Pronto?
Novamente eles entram correndo.

1º menino: "Vamos dar uma última olhada no mapa antes de nos prepararmos para a viagem."
2º menino: "Boa idéia."
Eu: "Sim, mas isto ainda não está suficientemente bom. Vamos tentar de novo, está bem? E quando vocês vierem, mexam-se mais depressa, entrem correndo. Vocês estão furiosos, não estão?

O jogo começou de novo, mas foi interrompido mais uma vez no final da mesma passagem.

Eu: "Assim estava muito melhor. Mas ainda há um ponto, antes de repassarmos tudo. Lembrem-se que vocês diziam: "Vamos dar uma olhada no mapa", ou coisa que o valha, não foi? Então vamos fazer tudo de novo, e fazer um "V" bem forte no "Vamos".

O jogo recomeça, mas desta vez deixamos que ele termine sem qualquer interrupção. Desta forma, mantém-se a confiança, e não se faz mais nenhuma sugestão ou comentário até a sua total restauração. Note também a maneira de tratar o assunto, que é rápida, calorosa e em sintonia com a excitação do jogo. Este método de polimento da improvisação conserva o fluxo natural da espontaneidade, mas fornece um primeiro contato com o tipo de trabalho que será mais essencial com peças escritas.

Quatorze a Quinze Anos

Um pouco de polimento começa nos ensaios das peças escritas. Mas se o ensaio começa a morrer eu o interrompo, tiro todos os jogadores do palco e improviso a cena no espaço do chão até que a vida, a confiança e a espontaneidade sejam recuperadas.

73

Razão: Isto tem um efeito marcante sobre o ensaio contínuo, ao qual são acrescentadas vida e compreensão.

Exemplo

Um mestre estava tomando um ensaio de parte do "Noé" (Obey) no assoalho do salão. Eu fiquei perto. Três dentre os cinco participantes estavam lendo o *"script"* com grande dificuldade e estavam falando baixo demais. Um outro grupo estava ensaiando como bichos no palco, junto com o Sr. Noé. Logo eu me aproximei deles. Uma mestra estava tentando animar Noé a se aprofundar mais no seu personagem; ele estava lendo com muita dificuldade.

Professor (em voz baixa): "Como é que o Sr. faz com que eles entrem dentro do papel?"

Eu: "Eles nunca entrarão enquanto tiverem essas dificuldades com o texto escrito. Se você quiser mais significação, que é o primeiro sinal de se aprofundar mais no papel, eu tentaria o Noé sem a peça escrita, por um tempinho. Faça-o inventar suas próprias palavras, palavras que ele acha que diria sozinho se fosse mesmo aquela pessoa, naquela situação. Isto lhe dará oportunidade para criar. No momento, ele está algemado pela sua impossibilidade de ler um *"script"*. Olhe para esses animais. São bem diferentes. Estão *representando,* porque estão sem *"script"*. Esses estão livres."

O professor tentou fazer isso. No começo, Noé estava encabulado.

Eu: (em voz baixa, para o professor): "Continue. Persevere."

Na terceira tentativa, um sorriso apareceu no rosto de Noé e de repente a fala chegou. Ela fluiu durante uns cinco minutos, fazendo os animais se torcerem de riso. O professor então pediu ao menino que tentasse o *"script"* de novo. O resultado foi notável. Agora ele já era quase Noé.

Observações Sobre a Faixa Etária dos Treze aos Quinze Anos

Meninos e Meninas

Dos treze aos quinze anos parece menos prejudicial para os jovens atores representar diante de um público. Antes, isso é capaz de destruir a absorção e a sinceridade, especialmente na presença de adultos. Estes sempre riem nos momentos errados.

Dos treze aos quinze anos, dê bastante valor a peças documentárias criadas a partir de discussões sobre problemas pessoais e sociais. É uma via mais intelectual de expressão pelo jogo e de preparação para situações reais da vida.

Nem sempre é fácil fazer com que os meninos se misturem com as meninas. Mas vale a pena fazer alguns trabalhos em separado e depois misturar os dois grupos em outras ocasiões. De qualquer maneira, o sucesso virá se tomarmos o cuidado de discutir ou dar tarefas apropriadas para cada sexo.

Exemplo – De uma Visita a uma Escola Mista

Neste grupo eles já estão acostumados a se moverem juntos. Já fizeram algum trabalho de dança e já produziram algumas peças. Agora estão construindo o seu próprio drama.

A história versa sobre uma guerra. Há dois exércitos atômicos, um da Terra, outro de Marte. Os meninos eram soldados e as meninas faziam hospitais num canto do salão e munições no outro. (Embora numa época de igualdade entre os sexos a gente mal se atreve a dizê-lo, as meninas tomaram a si tarefas apropriadas, ou o que elas consideram como tal, e os meninos assumiram uma liderança natural nos papéis mais fortes.)

Há muitos combates em *"Os Planetas"* (Holst), mas finalmente um submarino atravessa singrando o meio do salão, protegido por "spray" "Antimarciano" contra os raios da morte, que não podem atingi-lo. Apesar das mulheres chorando no canto, chorando pelos mortos, Marte é capturado e os Terráqueos se alinham vitoriosos no palco. (Ver Diagrama E).

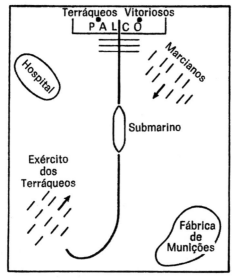

Diagrama E

A complicação nessa idade é que as meninas amadurecem mais cedo e muitas vezes preferem a companhia de homens de mais idade. Tudo deve ser feito a fim de ajudar os rapazinhos nas escolas a enfrentarem essa situação e, sem apressar desnecessariamente o seu desenvolvimento, mostrar-lhes a necessidade do asseio e das boas maneiras, o que muitas vezes pode ajudá-los a se tornarem mais aceitáveis para as mocinhas. No jogo dramático, sessões de dança atlética viril e situações masculinas podem ser tratadas em separado das meninas. Quando reintroduzidos na sociedade feminina, o senso de realização e de disciplina pessoal dos rapazinhos freqüentemente encontram entre as mocinhas atitudes mais favoráveis do que as toscas zombarias e gargalhadas de antes. As mocinhas não aceitam facilmente as palhaçadas um tanto grosseiras de rapazinhos sem modos que estragam a hora do drama. Cabe a nós ajudá-los a compreenderem que o interesse pelas artes e pela limpeza não precisam ser efeminados. Nossa meta é um tipo de homem viril, e a dança e a arte masculinas têm de ser viris. Não se deve permitir que eles continuem fazendo os mesmos movimentos das meninas, que muitas vezes são imitados, quando os meninos se misturam às meninas. É perfeitamente viável que o jogo dramático dos meninos contenha muita destreza, saltos e agilidade. Saltos para cima e para fora do palco; corridas. Pular de um bloco praticável para outro (sem por um momento perder o ritmo da música) não é um feito desprezível. Exige habilidade, treino, saúde e determinação. O mesmo vale para "cadeiras musicais" — dança com a cadeira a distância do braço estendido, ainda em cadência perfeita com a música. Existem muitas formas novas de beleza e realização para rapazes jovens, se nós os ajudarmos a encontrá-las. O homem que tem medo da beleza é um imbecil.

Ao distribuir os papéis numa peça, é preciso pensar não só no problema de dado papel ser adequado e poder ser representado, mas também num ponto especial a mais: será que o papel é bom de ser representado a fim de permitir a auto-expressão? O papel a representar ainda está ligado à procura do próprio Eu verdadeiro. É desta maneira que as crianças decidem quem são realmente — por rejeição dos personagens que representaram ("Eu não sou aquela pessoa"). Veremos que aqui temos de escolher inteligentemente entre tomar em consideração um maior desenvolvimento do indivíduo, e a alternativa de enfatizar as necessidades do teatro e a experiência que pode ser ganha com isso. Ambos têm o seu lugar.

Meninas

Com meninas de treze a quinze anos, encoraje o *drama* dançado, com ou sem palavras. Os temas para o *drama* dançado podem vir da literatura mundial, mitologia grega, histórias bíblicas, etc., como decorrência e desenvolvimento direto do melhor trabalho das meninas de sete anos em diante mais destacadas, porém com a inclusão de maior número de detalhes e mais sutileza; e também de música gravada e uma exploração mais minuciosa do "O que é que isto lhe lembra?". E talvez o professor deva dizer, uma vez ou outra, o que a peça lembra a *ele*, mas não o tempo todo — estamos ao encalço das idéias jovens, apenas ajudadas pela sabedoria da idade.

Qualquer um que tenha visto a refinada qualidade espiritual desse trabalho imaginativo achará menos difícil acreditar que aqui se trata do desabrochar de um desenvolvimento contínuo de uma forma de arte.

Exemplo — Tirado de um Trabalho com Meninas de Quatorze a Quinze Anos

Este grupo tinha representado histórias românticas sobre príncipes, viagens e sucesso na vida; então resolvi experimentá-las com algo que eu tinha usado com crianças emocionalmente perturbadas. Seria interessante ver como estas meninas normais usariam o mesmo antiquíssimo tema que foi dado às outras.

Eu: "Pensem só por um instante como é que seria ser muito feias — como as "Irmãs Feias." E aí vocês se olham num grande espelho. O que é que vocês sentiriam?

Respostas: "Triste." "Enjoada de tudo."

Eu: "Sim, vocês poderiam sentir qualquer uma dessas coisas. Mas agora, enquanto olham no espelho, vocês se vêem ficando lentamente bonitas, e entram pelo espelho e passam para um mágico país desconhecido onde todos os seus melhores desejos se realizam."

Diagrama F

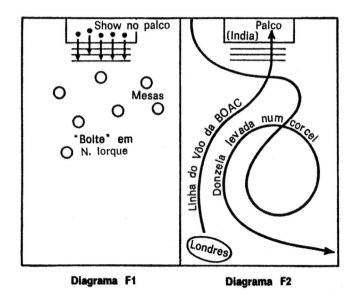

Diagrama F1 **Diagrama F2**

Desenvolvemos essa idéia por meio de discussão, e tivemos alguns momentos tensos e maravilhosos, com música mágica entrando e as meninas se transformando de uma feiura proposital em uma espécie de radiosa beleza espiritual. Elas passavam graciosamente através dos espelhos imaginários e imediatamente se punham a dançar pelo salão inteiro de uma maneira "encantadora." Então começamos com os seus desejos. Elas ficaram ricas, elas se casaram com belos artistas e passaram fome, elas foram levadas (ou melhor, "dançaram embora") em corcéis ligeiros, elas viajaram para a Índia, Suíça, Londres e Nova Iorque. Elas valsaram, patinaram, voaram.

Jamais, num período de tempo tão breve, fui transportado para regiões de um reino tão gracioso, de sonhos de caixa de Pandora. Por um breve momento, breve demais, juventude e esperança se fundiram com a realidade. Depois o encantamento arrefeceu um pouco; o relógio se interpunha e, como uma fina lâmina de aço frio, fiz entrar em "fade-in"[1] a música mágica do feitiço. A luz dourada se apagou nos seus rostos, com coragem apesar da repulsa, elas voltaram pelo espelho para a realidade, e ficamos com um recinto cheio de velhas e feias solteironas, com expressões de peixes vesgos, até que as "irmãs feias" se transformaram novamente em mocinhas normais e alegres. (Ver Diagramas F, F1 e F2).

---

1) i.e., coloquei cuidadosamente a música apropriada na vitrola, aumentando o som no controle de volume.

Meninos

Faça todo o possível para evitar o curioso orgulho dos meninos em serem desajeitados e desprovidos de qualquer cultura, o que eles tomam por masculinidade. Desenvolva dança semi-estilizada por meio de situações imaginativas, e faça descarregar.instintos belicosos pelo uso de armas imaginárias. Pode-se estabelecer o pagamento de uma prenda divertida para qualquer um que de fato ponha a mão em outro. A arma imaginária mantém uma distância extra entre um menino e outro. As discussões conduzem à literatura e a considerações sobre História.

Exemplo

Eu: "Vocês estão com frio?"
Meninos: "Sim."
Eu: "Bem, John, você pega este címbalo. Vocês outros, formem duplas. Agora vocês são cavaleiros de armadura. Você tem um machado de batalha ou uma grande espada. (Certifique-se de que eles compreendam que se trata de armas imaginárias). E agora você está lutando com o outro cara. Você tem de ganhar. O que é que você faria?
Um Menino: "Golpeava ele."
Eu: "Sim! Mas só com um machado imaginário, lembre-se. Nada de tocar no outro de verdade. Estão prontos? Quero ver muita energia. Começar!"

As lutas começam. Poderão ser desajeitadas, talvez, e haverá algumas risadas.

Eu: "Certo. Nada mal. Mas desta vez, vamos fazer isso um pouco mais a sério. Pensem no que vocês estão fazendo. Pensem bem forte em quem vocês são, e saibam qual é a sua meta. Lembrem-se, vocês têm que ganhar. E você, John, faça os ruídos das armas se cruzando. Vamos!"

N.B. — Isto é exatamente o que nós fazíamos na escola pré-primária, mas num nível intelectual um pouco diferente. As coisas simples e profundas do Jogo Dramático Infantil devem ser experimentadas alguma vez. Antes tarde do que nunca. Eles lutam. Está melhor.

Eu: "Bem. Isto parecia muito real. Vocês não se esquentaram?"
Meninos: "Sim"
Eu: "Agora, desta vez eu quero que vocês tentem fazer isso com a marcação de um ritmo constante. Ouçam o John fazendo os ruídos das armas. Ex-

perimente primeiro, John. Estão ouvindo? Prontos? Vamos!

Eles lutam de maneira semi-estilizada. Cada golpe já está mais pensado e já significa mais como arte do que a primeira e risonha palhaçada. A isso pode-se acrescentar passos, evoluindo para uma dança simples. Eu poria também música gravada de natureza excitante ou uma marcha de guerreiros. Mas hoje não.

Eu: "Bom. Mas estou notando que vocês estão brandindo as armas sem acertarem os golpes. Quais vocês acham que são os pontos fracos na armadura?"

Estimula-se a discussão. Então eu lhes mostraria figuras de cavaleiros de armadura ou ilustrações da vida nos tempos dos Normandos, e poderíamos ir levando o assunto para a literatura. Eu lhes leria trechos curtos sobre aquele período, de autores que gostaria que eles conhecessem, e eles também leriam. Aqui não devemos usar o tempo para melhorar a leitura, mas para avançar o conteúdo emocional, e improvisar cenas a fim de "fazer" e "lutar" o que acabamos de ler. Eu não me esqueceria de tocar em vários pontos de cavalheirismo e jogo limpo e de associá-los a exemplos modernos, como por exemplo esportes, e oportunidades gerais para o exercício das boas maneiras.

Diversas pessoas teriam oportunidades de fazer "os sons", se quisessem. Durante alguns minutos, lá pelo fim, eu os deixaria construir um bom final dramático para qualquer cena improvisada que eles quisessem.

Razão: A maior parte da aula tinha sido desenvolvida seguindo intencionalmente as *minhas* linhas de ação e eu quero oferecer uma oportunidade razoável para representação, escolhida *por eles*, na linha deles mesmos, a fim de assegurar um término de aula feliz para todos.

Para Meninos e Meninas: Drama Social

Trabalhando com ambos os sexos, inclua discussão e improvisação sobre cenas da vida, para ajudá-los no comportamento e na expressão explícitos.

Exemplos

Saudando um aluno novo na escola.
Entrando na sala do Diretor.
Pedindo um aumento ao patrão.

Presidindo uma reunião.

Ajudando pessoas cegas a atravessarem a rua.

Sendo corajosos numa situação moral desagradável.

Mostrando o caminho às pessoas.

Convidando uma moça para dançar.

Sendo tirada para dançar.

Chamado de emergência para ajudar bombeiros ou polícia.

Discutiríamos também sobre roupas de épocas passadas, para chegar às tendências nos tempos presentes, levando em conta asseio e escolha de cores — assuntos de imensa importância secreta para o adolescente, dando motivo às vezes para comportamentos violentos, se não forem tratados com empatia e compreensão.

Exemplo

Numa sala de aula abarrotada, o mestre estava treinando com os alunos o drama social — isto é, drama obviamente preocupado com a vida cotidiana e como ela nos afeta. Ele tentava fazê-los pensar em como seria a vida quando eles tivessem deixado a escola.

Mestre: "Quero que vocês imaginem que estão procurando o seu primeiro emprego e que estão sendo entrevistados pelo dono de uma firma. É muito importante para vocês aparecerem da melhor maneira.

Alguns meninos foram escolhidos e instruídos para conversarem sobre o assunto por alguns minutos. Depois eles usaram o lado da sala do mestre como escritório, e o mestre lhes emprestou a sua mesa para o dono da firma sentar-se. Seguiu-se a versão mais incrível do que deveria ser uma entrevista dessas. O candidato ao emprego foi arrastado por, ao que parecia, dois guardas de presídio, e empurrado para dentro da sala. O chefe dormia com os pés em cima da mesa, e o seu capataz conduzia a entrevista como uma cena da Inquisição. Dez candidatos foram torturados e nenhum conseguiu o emprego. Algumas das falas:

"Quanté que 'ocê qué ganhá?"

"Mil dólares por semana."

"Oréssa, 'cê não pode prestá; nóis só paga dois mil aqui."

Ou isso:

"Quanté que tu qué?"

81

"Quinze libra."

"Por mês?"

"Não, por semana."

"O quê, um coisinha atôa como tu? Leve ele embora e arranque o braço dele."

Depois de algumas tentativas desse tipo, o mestre começou a olhar para mim com uma cara estranha. Sua expressão era um misto de pedido de desculpas e desespero, e uma certa apreensão – apreensão sobre o que eu poderia estar pensando. Está bem, pensei eu. A educação é em grande parte um problema de compaixão. Em vista disso, comecei a assumir a direção do ensaio.

Eu: "Bem. Agora, vamos conversar sobre o assunto. Lembrem-se, vocês estão procurando o seu primeiro emprego. Vocês gostariam de ser jogados assim para dentro da sala ou não?"

Algumas respostas negativas. Eles estavam me avaliando.

Eu: "Vocês acham mesmo que gostariam?"

Respostas: –"Não sei não." "Não senhor." "Não, se a gente tinha que se comportar, não senhor."

Eu: "Não, eu acho que vocês podem estar bem certos de que isso não iria lhes acontecer. Mas então o que iria acontecer?"

A essa altura eles já estavam prestando toda a atenção, de modo que comecei a tornar a situação o mais pessoal possível para cada menino.

Eu: "É *você* de verdade, cada um de vocês, indo à procura do seu primeiro emprego. Como vocês acham que precisariam se apresentar e se comportar?"

As respostas choveram: "Parecer limpo!" "Cabelo penteado!" "Ficar direito!" "Ser cortês! "Responder bem!"

Eu: Sim, isso está ótimo. Assim é mais verdadeiro, não é mesmo? Agora, quanto ao chefão. Vocês acham mesmo que ele poderia estar dormindo daquele jeito? Se o novo empregado ia ganhar o dinheiro dele, ele não procuraria ele mesmo ver a pessoa que pede o emprego e avaliá-la com todo o cuidado? Eu acho também que ele poderia querer fazer algumas das perguntas pessoalmente. Numa firma importante, o dono pode nem aparecer de todo, a não ser na hora de admitir pessoas para cargos de responsabilidade. O seu representante poderia fazer esse trabalho. Mas de qualquer maneira eu duvido que ele tivesse um capataz-carrasco para fazer o serviço."

82

"Agora vamos tentar de novo. Da última vez vocês estavam fazendo uma espécie de caricatura da situação, uma coisa como que tirada de uma história em quadrinhos cômica. Tudo bem, foi divertido e muito verossímil em alguns momentos. (Note como conservar a simpatia deles sem destruir sua fé na primeira tentativa. Sempre conduza; não esmague.) Mas vamos fazer a coisa mais real desta vez, mais conforme o que realmente vai acontecer com vocês daqui a uns poucos anos. O assunto agora é bastante sério e adulto."

Eles fizeram tudo de novo e houve diversas modificações na distribuição dos papéis. Em dado momento eu sugeri uma inversão de papéis, a fim de que o patrão sentisse por quanto tempo ele deixara um candidato a um cargo elevado esperando em pé. Por fim, nos vimos profundamente imersos numa discussão sobre maneiras, asseio, consideração pelos outros, e pelo lado deles, sobre o que eles deviam ao patrão, ou à firma, em trabalho dedicado, lealdade e cooperação, em troca de um ordenado justo. Ninguém tinha dado a esses rapazinhos uma noção clara sobre o que significa conseguir um emprego e o que isso acarreta na realidade. Foi uma sessão de drama que de certa forma nos aproximou a todos da idade viril e também de uma maturidade mais refinada. (Ver Diagrama G)

Pode ser constatado que alguma forma de drama social nesse sentido é a melhor maneira de deslanchar as coisas com crianças maiores, que já se tornaram autoconscientemente inibidas. Elas nutrem um desprezo espúrio pela arte como tal, mas se as palavras *drama* e *teatro* não forem enfatizadas, podem estar muito prontas para discutir e praticar uma preparação para a vida, em especial para a vida após a escola. Isto as faz se sentirem adultas. Uma vez liberadas, elas podem mais facilmente ser postas em contato com outras partes do drama como um todo.

OBSERVAÇÕES GERAIS – *Todas as Idades dos Cinco aos Quinze Anos*

As qualidades gerais, em todas as faixas etárias, que podem ser consideradas como critérios dramáticos, são:

Sinceridade, absorção, segurança, fluxo da expressão verbal, sensibilidade, reconhecimento e variedade de atmosfera ("mood"), sintonia com a situação, prazer consciente no movimento e no ritmo, credibilidade.

Procure desenvolver todas elas.

Critérios da fala: Clareza, sinceridade, bom fluxo de linguagem, prazer e alegria no som, contraste e atmosfera.

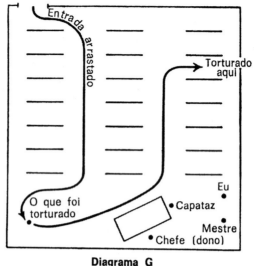

Diagrama G

É o deleite em todos os sons que podem ser obtidos pelo uso constante de ruídos. Isto traz à tona o amor emocional que está na raiz de toda a linguagem, e é um modo mais seguro de desenvolver o bom gosto do que dizer "aquele autor é bom". Se o ouvido estiver treinado, a criança ouvirá o que é bom e haverá menos glorificação artificial do nome de um autor. Sons longos e breves dão o começo da apreciação das funções de vogais e consoantes. Preocupe-se com o sotaque somente em casos muito especiais; esta parte pertence ao ensino e treino formal, e é feita separadamente. No Jogo Dramático Infantil procura-se desenvolver o "eu" genuíno tal como é encontrado. A interferência acarreta a quebra do fluxo confiante. De fato, a regularidade é mais importante do que períodos longos indiscriminadamente arranjados; mesmo a aula de vinte minutos pode ser valiosa, se dada todas as semanas.

Teatro Infantil

Uma das repercussões óbvias da aceitação do Jogo Dramático Infantil é o seu considerável efeito sobre o teatro para crianças. Torna-se necessário providenciar certas formas de teatro que estejam em sintonia com o Jogo Dramático Infantil, e agora existem na Inglaterra alguns grupos adultos seriamente empenhados nisso.

De modo geral isto é uma questão dos adultos, se eles representam para um público de crianças, apresentando peças em formas (relevantes para as diversas idades) que aparecem no Jogo Dramático Infantil, encorajando a participação do público e incluindo ruídos interessantes.

Os filmes cinematográficos[1] exercem uma influência completamente diferente e não afetam a "consciência de forma" da mesma maneira que o teatro.

O que é que nós aprendemos disso?

Consideremos em primeiro lugar o que pensa a criança:

A Criança como Professor

Na abordagem do Jogo Dramático Infantil, os melhores resultados são obtidos acreditando que a criança não só é um artista original, como também uma pessoa importante. Com isto em mente, eu faço debates com as crianças. Dentro e fora da escola, debata sempre, especialmente fora da escola, quando se pode obter respostas francas. Aprende-se muito com isso.

Eu propus as seguintes perguntas a crianças menores de onze anos:

Pergunta: "Quando você começou a representar?
Resposta: "Quando eu era nenê."
Pergunta: "Qual é a melhor idade para começar este tipo de jogo que estamos fazendo juntos?"
Resposta: "A menorzinha que for possível."
Pergunta: "Os seus professores ensinam vocês a representar?"
Resposta: "Sim, alguns ficam falando o tempo todo. O senhor não. Então é melhor, porque o Sr. sabe mesmo o que quer fazer, antes de começar."
Outra criança: "Muita falação não deixa a gente fazer as coisas."
Pergunta: "Vocês gostam das suas próprias peças ou daquelas que foram escritas por outras pessoas?"
Resposta: "As nossas são as melhores."
Pergunta: "Se empacam quando estão representando, vocês preferem que os deixem sozinhos ou é bom que um adulto ajude vocês?"
Resposta: "É bom para terminar, mas tem que ser um adulto bonzinho, senão não fica bom. Alguns adultos não são bonzinhos quando ajudam. Eles falam demais o que a gente tem de fazer."
Pergunta: "Vocês gostam de uma porção de idéias para as histórias que vão representar, ou de poucas?"

---

1) Filmes e Teatro para Crianças são amplamente discutidos em "Child Drama", Parte III, Capítulos XVI e XIX.

85

Resposta: "Só umas poucas."

Pergunta: "Idéias longas ou curtas?"

Resposta: "Só umas idéias pequenas. A gente pode fazê-las ficar grandes depois."

Pergunta: "Vocês gostam de ter aulas de representar na escola só de vez em quando, ou gostariam disso com freqüência?"

Resposta: "Seria bom se a gente tivesse representação em todas as matérias."

Pergunta: "O que é que vocês preferem que o professor faça, quando estão representando as suas próprias peças?"

Resposta: "Que fique só olhando – a não ser quando a gente gosta *muito mesmo* do professor, então ele poderia participar só de vez em quando."

Pergunta: "Se vocês estivessem fazendo uma peça sobre História, e alguém interrompesse para lhes explicar como as pessoas que vocês estão representando se comportavam há muito tempo atrás, vocês gostariam disso?"

Resposta: "Não, eu ia achar que ele estava interrompendo e eu nem ia escutar."

Pergunta: "É mesmo? E você fingiria que está escutando?"

Resposta: "Sim."

Pergunta: "Por quê?"

Resposta: "Porque eu não ia querer que ele soubesse."

Pergunta: "Por quê?"

Resposta: "Porque eu não ia querer me meter em encrenca. (Produtores formais, tomem cuidado.)

Pergunta: "Alguns professores querem muito ajudar vocês. Vocês gostam quando eles ajudam?"

Resposta: "Dependendo do que eles fazem. Eu não gosto do jeito que eles fazem na minha escola."

Pergunta: "Como é que eles fazem?"

Resposta: "Eles falam como é que a gente tem de representar, coisas assim."

Pergunta: "E isso não é bom?"

Respostas: 1. "Não, eu acho que eles me interrompem.
2. "Não adianta nada."

Pergunta: "Vocês gostam de música ligada quando estão representando?"

Resposta: "Sim, ela mostra para a gente quando ser filhotes de cachorro ou fadas, ou quando o inimigo está chegando."

Pergunta: "Se vocês não conseguissem inventar nada, vocês gostariam que alguém sugerisse uma história ou isso seria irritante?"

Respostas: 1. "Sim, eu gostaria."

Mímica de uma orquestra.

Dança dramática.

Um comerciante e um freguês.

Entre perguntas e respostas, a escolha de um tema.

2. "É bom a gente ser ajudado quando *não sabe* usar um fuzil ou uma espada, mas enquanto a gente está tentando, é tão irritante como ... como um pontapé."

Pergunta: "Vocês acham que representar ajuda vocês a conhecerem as coisas?"

Resposta: (criança de sete anos): "Sim, tenho certeza que sei uma porção de coisas da vida, porque eu represento tanto. Eu cada vez *sou* alguém.

Pergunta: "Na sua escola as aulas de representação são como as que nós temos aqui?"

Resposta: "Não, é uma pena, quase todos os nossos professores não deixam a gente representar, eles ficam fazendo sugestões o tempo todo."

Pergunta: "E vocês acham bom representar do nosso jeito?"

Resposta: "Sim."

Pergunta: "E é fácil?"

Resposta: 1. "Sim. Parece que a gente sente mais as coisas."

2. "É fácil representar quando o Sr. está aqui. O Sr. não faz a gente parar para perguntar por que nós fizemos assim ou para mandar fazer coisas o tempo todo."

3. "Eu nunca posso fazer isso com a nossa professora. Ela diz que é bobagem."

Resumindo, pode-se dizer que o Jogo Dramático Infantil precoce é uma auto-expressão de absorto representar "para fora de si mesmo", em volta de si e em todas as direções, e não precisa de público.

Mais tarde, quando a criança se aproxima do teatro de proscênio, a projeção da personalidade tem lugar como de costume, mas isto tem de ir acontecendo aos poucos, lentamente.

O jogo Dramático Infantil genuíno tem uma qualidade ascética, e é freqüentemente melhor sem objetos de cena, figurinos ou cenários. O inimigo de Jogo Dramático Infantil é o "mérito" do professor, que tende a distorcer tudo para a glória pessoal deste, ou da escola.

Estou bem consciente de que a aceitação dessas idéias significaria, em alguns lugares, quase que uma revolução no drama como educação, mas o fato é que elas estão inegavelmente ganhando favor, segundo o testemunho de muitas pessoas que trabalham com crianças. A "Educational Drama Association" usa esses métodos e desenvolve essas idéias melhor do que eu poderia fazê-lo sozinho. Por seu intermédio e como resultado de meu primeiro livro,[1] muita gente de todas as partes do mundo tem pedido maiores informações, enviando-me descrições das suas experiências com esses métodos em escolas, clínicas, prisões, ou mesmo em simples casas de famílias.

---

1) "Child Drama".

Esta é uma opinião, semelhante a muitas outras, expressa por um diretor de escola:

"No começo eu pensei que era só conversa, mas não sei. Eu jamais poderia acreditar que o Jogo Dramático Infantil faria tamanha diferença para as crianças e para a atmosfera da minha escola. Isto, finalmente, é liberdade sem licenciosidade."

E esta é a opinião de um menino retardado a quem perguntaram sobre o Jogo Dramático Infantil. "Por Deus, homem, isto *é a coisa única.*"

Algumas pessoas gostam de fatos e de números. Outras ficam irritadas com eles. Se o autor os inclui, acham que ele está querendo provar coisas demais. E se as deixa de fora, está sendo pouco prático. Para aqueles que gostam, pode ser interessante saber que, num dado ano, eu tive algum contato pessoal — numa estimativa modesta — com mais de trinta e duas mil crianças menores de quatorze anos. (Um crítico do meu outro livro entendeu que eu tinha apresentado um questionário escrito a esse número de crianças. O que eu quero dizer, naturalmente, é que entrei em contato direto com elas, conversei com elas, vi-as representando ou de fato "joguei" com elas.)

Dessas trinta e duas mil, três disseram que preferiam uma peça escrita ao seu próprio Jogo Dramático.

Após a Infância

Este livro é apenas uma introdução, mas nele pode ter sido dito o suficiente para que se perceba que a atitude que torna o Jogo Dramático Infantil possível não precisa morrer, como de fato nem sempre acontece. Mas muitos jovens em clubes juvenis apresentam em seu caráter sinais inconfundíveis da falta desse treino. No entanto, é bastante viável fazer com eles sessões de drama imaginativo, que é de um gênero semelhante ao trabalho descrito neste livro, e que repõe alguma coisa dos anos que foram perdidos. Até mesmo adultos podem ser ajudados a criar seriamente, também. Pessoas mais velhas naturalmente fazem o melhor possível num nível intelectual diferente, é só isso.

Tive o grande privilégio de ter criado drama imaginativo espontâneo com pessoas de quase qualquer tipo ou idade, desde crianças sadias às desajustadas, até meninos delinqüentes; de professores e arquitetos a atores profissionais; de grupos militares masculinos a corporações femininas; de estudantes de escolas supletivas diurnas e grupos operários adultos a diretores de indústrias, e de Institutos femininos a clubes de cavalheiros idosos. Descrições desses outros estágios do trabalho e do emocionante teatro que dele surge estão agora em preparação, para também serem publicadas.

Nesse ínterim, basta dizer que o Jogo Dramático Infantil ajuda os indivíduos jovens a descobrirem a paz e a confiança em si mesmos e a reparti-los com os outros, a se tornarem abertos e leais e a fazerem bem o seu trabalho. Os adultos também encontram paz e descobrem novas áreas de expressão. É preciso ajudá-los a ganhar confiança, pois tantos de nós temos vergonha da beleza. Aparentamos pensar que ela deva ser posta à parte junto com outras infantilidades. Mas a beleza é uma coisa adulta também, só que com adultos ela é mais consciente. Ela pertence às formas mais profundas de civilização e comunica sinceridade ao nosso ser. Cuidemos ao menos que as gerações seguintes não sofram por causa do nosso próprio embaraço. Nós perdemos tanto. Vamos ajudá-las a encontrar o tesouro natural que por direito lhes pertence.

CAPÍTULO VI

PERGUNTAS E RESPOSTAS

1. *A improvisação é mais importante que o ensino de teatro?*
Ela *é* ensino de teatro além de ser educação, e é a base do Jogo Dramático Infantil. Fazer peças teatrais nem sempre é bom ensino de teatro ou educação.

2. *Existe mais jogo projetado do que jogo pessoal nos anos mais precoces?*
Sim, bastante, de um até quatro anos, pois a criança ainda não se move muito bem. Jogo pessoal, i.e., *ser* o próprio personagem, se desenvolve mais à medida que o andar e o correr adquirem confiança. Obviamente não é divertido ser alguém quando se vai cair o tempo todo. É preciso usar a maior parte da mente para se conservar de pé, nos primeiros anos de vida.

3. *A criança pequena deve ter muitos objetos de cena para o jogo?*
Não a sobrecarregue durante a procura do seu caminho para a representação através do jogo pessoal. O Jogo Dramático Infantil genuíno se apóia na criação interior, não em materialismo exterior.

4. *Devemos encorajar as crianças a falar durante o mimodrama?*
Sim, sempre que elas o queiram, embora com a criança menor boa parte

93

da fala vem através do corpo. O gesto é a linguagem; e também o fazer caretas. Momentos de "faça isso sem falar, desta vez" são de valor para a concentração no movimento. Mas nunca é cedo demais para a linguagem falada. O excesso de música e movimentação inibe a fala.

5. Quem deve distribuir os papéis: o professor ou a criança?
Ambos devem ter vez, às vezes um mais do que outro; as crianças pequeninas são, naturalmente, menos capazes de fazê-lo. Por vezes, as crianças são capazes de escolher e chegam a ser bons críticos do trabalho, uns dos outros; mas em improvisações mais bem-polidas, o professor pode ter que organizar um pouco. Os professores aprendem a sentir o que se faz necessário.

6. É viável a aula de vinte minutos?
Mesmo vinte minutos por semana ajudam. O jogo em arrancos curtos é valioso e muitas vezes pode ser conseguido onde crianças sentem confiança e não têm receio. Aprender a ser rápido faz parte do treino oferecido por este trabalho.

7. Deve o professor mostrar à criança como se mover?
Se o professor o fizer, não estará mais fazendo Jogo Dramático Infantil. Se a imaginação falhar, dê alguma sugestão sobre *o quê* fazer, mas não sobre *como* fazê-lo.

8. Você faria uma sugestão durante o transcorrer do jogo?
A interrupção tende a abalar a confiança. Se um adulto interfere com freqüência excessiva, o Jogo Dramático Infantil morre. Isto é diferente da sugestão sensível na hora certa.

9. Este treino age contra o ensino, a educação e o treino usual das crianças?
Não precisa funcionar assim. Alguns períodos de jogo criativo têm sido de valor até nas escolas mais formais. Períodos de jogos (esportivos) alternados com aulas são considerados um eqüilíbrio útil. O drama, sensatamente usado, tem o mesmo efeito. Torna as crianças mais amistosas, abertas e diretas, e o hábito da absorção conseguido com este treino é a melhor maneira de aprender concentração para todas as formas de estudo.

10. Deveriam os professores ter experiência em improvisação, eles próprios?
Sim, eu dou cursos para este fim. Nós nos encontramos, nos movemos, falamos juntos e cada professor por sua vez assume o grupo.[1]

---

1) É essencial que as "escolas de educação" incluam agora cursos de Jogo Dramático Infantil, ou que haja um curso especial separado.

11. *O professor comum está qualificado para fazer Jogo Dramático Infantil?*
Professores comuns que são seres humanos são os melhores para fazer este trabalho. Se eles estudarem drama, podem ficar ainda melhores, mas não necessariamente. Entretanto, se tiverem de lidar com crianças desajustadas ou delinqüentes, terão que ser mais experientes.

12. *O que se esperaria encontrar em boas aulas de Jogo Dramático Infantil?*
Elas devem ser cheias de alegria, numa atmosfera encorajadora. O professor deve ser sagaz, calmo, bondoso, observador, e saber como estimular quando necessário. Deve haver variedade e criação nova, formas claras e definidas no movimento e bom uso do espaço. As perguntas devem ser adequadamente respondidas, as sugestões devem ser encorajadas e usadas. Deve haver controle completo, com bom contraste: barulho e silêncio. A fala deve ser fluente, rápida e sem hesitações, em linguagem poética e filosófica entre os cinco e os dez anos, e progressivamente espirituosa e alegre entre os dez e os quinze. Deve haver entusiasmo na representação, boa sensibilidade grupal, marcante sinceridade e absorção, levando a momentos altos de "teatro". Eu gostaria de ver coisas, animais, pessoas e movimentos nos quais eu não tivesse pensado, e um exemplo de "jogo de correria". O agrupamento inconsciente seria estimulante. Todos teriam uma oportunidade igual para a criação.

Assim seria uma aula bem boa. O professor não ensinaria, mas guiaria e "nutriria"; ele também tem que ser um artista criativo, sempre pronto a oferecer ajuda, quando necessária.

Não existem atalhos para este trabalho, nem regras difíceis ou fáceis. Cada criança é diferente e cada professor aprende a lidar com o assunto à sua própria maneira. Antes de começar, devemos amar a criança, amar o trabalho, e saber por que o estamos fazendo. Se não conseguimos amar a todos os momentos, por causa do cansaço, então temos que desenvolver um profundo senso de justiça. Pois na raiz de toda oportunidade criativa repousa uma justiça elementar para com a criança. Junto com a criança, constrói-se uma sabedoria e vivencia-se uma partilha emocional. E disso cresce o indefinível conhecimento da vida que constitui para a criança uma *educação* no mais completo sentido da palavra.

13. *Como a turma toda pode participar no espaço limitado de uma sala de aula?*
Permita que os atores principais se aproximem daqueles que permanecem sentados nas carteiras; compras e vendas podem ter lugar desta forma, ou um fugitivo pode procurar asilo debaixo de uma carteira. Todos, e cada um, podem participar com efeitos sonoros, batidas de lápis para significar

chuva ou folhas na vidraça, tampas de carteiras podem fazer explosões, punhos rechonchudos podem ser as patas de animais desconhecidos, e assovios e suspiros podem ser o vento.

14. *Já há barulho quando se começa esse trabalho?*
Às vezes. Meninos maiores fazem barulho, especialmente se não tiveram muita liberdade antes. Mas eles aprendem logo que ruídos desnecessários estragam a criação. Assim, a responsabilidade pessoal pela contenção vai *passando* lentamente para eles.

15. *Se o professor recear não conseguir manter o controle no salão, o que ele deve fazer?*
Às vezes é melhor usar menos espaço no começo. Agrupando a classe numa roda e deixando grupos de atores trabalhando por turnos no centro, conservam-se condições semelhantes às da sala de aula. A roda pode ser aumentada conforme se deseja e maior número de atores participam, até que todo o grupo possa participar no espaço do salão inteiro. Silêncio e controle se constróem assim, lentamente, embora o barulho seja muitas vezes necessário para o bom drama, em certos momentos de clímax.

16. *Crianças recém-saídas da escola elementar freqüentemente se tornam inibidas. O que podemos fazer?*
A inibição está ligada à puberdade, e uma de suas causas é a quebra da atmosfera e da abordagem de ensino no curso secundário, onde uma continuidade de métodos é necessária, pelo menos no primeiro ano. Devemos oferecer mais oportunidades. Em grande parte a culpa é nossa, quando a inibição prevalece.

17. *Como se pode lidar com a criança capaz e dominadora?*
Sem esmagar a sua liderança, cuide para que as outras tenham vez, sugerindo por vezes que outras crianças assumam tarefas de liderança. Se a liderança for construtiva, deixe-a ficar.

18. *Por que as crianças são tímidas na escola, mas não nas suas brincadeiras fora dela?*
Às vezes é por causa de experiência anterior com adultos – isto pode não ser culpa do professor, mas sim dos pais. Às vezes, também, pode ser devido à atmosfera na escola. Em algumas escolas, o medo ainda é a força principal. Onde o medo da repressão é a única forma de disciplina adotada, tem-se brincadeiras turbulentas do lado de fora e tudo, desde a timidez até o desespero, do lado de dentro.

19. *Você forçaria uma criança tímida a participar?*

Nunca. Se estiver presente em sessões regulares de jogo dramático, ela entrará no jogo naquele único momento no qual é absolutamente apropriado e certo fazê-lo – isto é, no momento em que a criança o quiser. Uma longa e valente batalha precede esse momento, mas deve haver encorajamento. O bom senso do professor decidirá sobre a necessidade em cada caso.

20. *Como é que esse trabalho funciona com crianças de rendimento geral baixo?*

Muito bem. Elas encontram esperança e felicidade no Jogo Dramático Infantil. Às vezes essa é a sua única possibilidade de sucesso, e por isso é muito importante para elas.

21. *O que você faria se uma criança difícil começasse a destruir o grupo?*

É difícil generalizar. Cada criança é diferente da outra. Mas há algumas sugestões: Primeiro tente dar-lhe uma responsabilidade. Faça a criança representar o personagem arqui-bom ou arqui-mau. Se ela passar da conta, contrabalance dando um papel mais importante a outra. Lembre-se de que existe uma razão para esse comportamento; muitas vezes é o sintoma de um anelo por expressão – de modo que o que é preciso, é uma oportunidade. Quando em dúvida, conserve-se perto da criança: a proximidade física muitas vezes ajuda. Se o comportamento melhorar, vá se afastando pouco a pouco, de maneira que a responsabilidade pela autodisciplina vá sendo assumida quase imperceptivelmente pela criança. Se o comportamento dela não melhorar ainda (pouco provável), retire-lhe a oportunidade de expressão e de ser líder, e invente para ela um personagem estático, como um poste de iluminação ou uma árvore, para ser deixada sozinha, no começo, e depois, se necessário, fazer com que o jogo se movimente em volta da criança, de modo que ela se sinta no centro de novo. Fazendo alternar uma responsabilidade óbvia, menos óbvia e nenhuma, é provável que você obtenha uma reação modificada. Fale com energia somente como segundo recurso, e aja com energia só como último recurso.

22. *Por que representar num palco é mau para crianças pequenas?*

Porque isso destrói o Jogo Dramático Infantil, e as crianças então, tentam meramente copiar o que os adultos chamam de teatro. Elas não são bem-sucedidas nisso, e essa não é a sua maneira de representar. Elas precisam de espaço e não têm necessidade de serem envolvidas nas complicadas técnicas de uma forma artificial de teatro. Isto as torna conscientes da presença de um público, estraga-lhes a sinceridade e ensina-as a se exibirem.

23. *Mas, para certas peças não haverá necessidade de público?*

Para peças escritas, pode ser. Para Jogo Dramático Infantil, não. Não devemos confundi-los.

24. E quanto à linguagem falada?

À primeira vista, o critério adulto diria freqüentemente que a fala é de má qualidade, porque: a) há séria necessidade de prática e de segurança em tão-somente falar; b) são inventadas palavras que não aparecem no nosso dicionário; c) um sotaque local pode estar sendo usado.

A fala torna-se mais audível e mais clara com o tempo. Uma observação casual, uma vez em duas ou três semanas, sobre falar um pouco mais alto, muitas vezes é o bastante para produzir um efeito apreciável.

25. E a respeito de coral falado?

Isto pode ajudar as crianças a descobrir espírito de equipe e sensibilidade grupal, se não estiverem descobrindo essas coisas de outras maneiras. Especialistas às vezes conseguem bons resultados, mas trata-se de uma forma de arte complexa, e pessoas não-especializadas induzem nas vozes das crianças um cantochão morto que muitas vezes permanece em todas as suas falas públicas. É o mesmo som antinatural que advém da tentativa de representar peças escritas, cedo demais. Quando grandes corais infantis entoam em público poemas sérios para os adultos, fica-se muitas vezes perplexo, sem saber onde se acha a finalidade disso, seja como educação ou treino do gosto. Talvez esta forma se adapte melhor a grupos na sala de aula. A única maneira de conservar a fala sincera e cheia de vida, é usando muita improvisação lado a lado com o coral. A voz é um atributo individual e não deve ser confinado somente à expressão de rebanho. Não estou condenando o coral falado como tal, apenas questionando o seu uso indiscriminado por treinadores não-especializados. Às vezes esse é o único treino de linguagem que as crianças recebem, e isto é prejudicial.

26. O Sr. recomendaria progredir para falas rimadas?

Não. Tenham cuidado para não exagerar com as rimas; isto muitas vezes leva a criança a pensar mais tarde na vida, que a poesia não passa de tolice sem valor algum. As crianças têm um profundo senso de poesia na sua própria mente, mas a sua poesia particular não rima. A rima é algo para o que a sua atenção é chamada pelos adultos, e depois copiada. Elas podem aprender a pensar que gostam de rimas e, nos estágios precoces, farão rimas às dúzias; rimas essas que, a propósito, geralmente nem rimam. Mas, uma vez que elas pegaram de fato a mania de rimar e sabem como fazê-lo, elas perdem a confiança na sua própria capacidade criativa. A sua poesia, na melhor das hipóteses, está mais próxima da Bíblia e dos "modernos", de caráter salmódico, ou como T.S. Eliot, na forma, caleidoscópica como Laurie Lee, ou nobremente tocante como as traduções de Garcia Lorca por Spender. Assim elas encontram bastante oportunidade para expressar muitas idéias, que podem ser cheias de júbilo consciente ou de simbolismo onírico inconsciente. Uma vez apanhado o grave contágio da moléstia da rima, toda expressão poética se encolhe no estreito canal da balada rimada, e pode permanecer assim por muitos anos, quiçá para sempre. Existe uma "Poesia Infantil", e cabe aos professores e aos pais reconhecê-la, sem alarido emocional, e desenvolvê-la da maneira que forem aprendendo.

27. *Quando as crianças devem começar a fazer peças escritas?*
Para a criança média, a época é ao redor dos treze anos. De qualquer forma, não antes que elas *saibam ler realmente bem,* com sentido expressivo e compreendendo o que estão dizendo. Antes disso, os textos escritos são prejudiciais, pois ensinam à criança o horroroso costume de nunca penetrar num papel e recitar as falas com um sorriso tolo para o público. Não há nem educação, nem teatro, nem qualquer valor dramático nisso. Não pense que as crianças aprendem bem deste jeito. Elas não estão pensando no que estão dizendo ou fazendo.

28. *Quando as crianças só tiveram aulas de drama formal de proscênio, como é que o Sr. começaria?*
Continue com as peças como elas as conhecem. Comece a usar outras formas de entrada no salão. Deixe as crianças se moverem naturalmente para cima e para fora do palco. Use procissões em volta do salão. Se uma parte da peça não estiver satisfatória, deixe-as representá-la em cena muda, ou começar a dizer com suas próprias palavras o que elas diriam se o acontecimento ocorresse nas suas próprias vidas. Na realidade, vá retrocedendo lentamente para o que elas deveriam ter feito antes e inclua o maior número possível de crianças. Mesmo com crianças maiores, que já estão prontas para peças escritas, alguma improvisação também deveria ser feita regularmente, de qualquer maneira. Isto acrescenta um brilho ao seu trabalho e as conserva mentalmente alertas.

29. *Como o Sr. liga a improvisação com a peça escrita, mais tarde?*
A verdadeira improvisação vem em primeiro lugar, depois uma improvisação mais "polida", que vai se aproximando de uma peça escrita. Depois, de vez em quando, algumas palavras ou sentenças são anotadas, a fim de ajudar a manter um esboço da peça. Mais tarde, a peça inteira, ou quase inteira, é anotada. Paralelamente a isso, escrevem-se estórias, e finalmente partimos para as suas próprias tentativas de fazer uma peça escrita, e o estudo de peças escritas por adultos.

30. *E o que diz o Sr. sobre crianças pequenas escrevendo peças?*

Nunca as desanime; mas crianças pequenas freqüentemente escrevem melhor quando encorajadas a escreverem simples estórias sobre as suas experiências durante a improvisação. As suas peças escritas são geralmente bem ruins e, quando representadas, tão desapontadoras para elas mesmas quanto para nós. Suas peças improvisadas são melhores. Depois de uns treze anos de idade, suas peças escritas vão evoluindo bem.

31. *Será que Shakespeare é viável na escola secundária moderna?*

Sim, mas no que concerne ao Jogo Dramático Infantil, ele entraria na categoria de peça escrita. Muitos atores bem mais velhos são incapazes de entender ou representar Shakespeare, embora eu tenha visto alguns jovens de quatorze e quinze anos alcançarem parte da essência poética de Shakespeare. Use no começo a improvisação sobre o enredo da peça. Quando o entusiasmo pela estória e os personagens tiver despertado, tente o texto escrito. Não tenha medo de selecionar e "editar".

32. *O Jogo Dramático Infantil pode ajudar a descobrir a abordagem correta para todas as matérias escolares?*

Com toda a certeza, se for corretamente compreendido. Ainda não descobri nenhuma matéria que não possa ser abordada por alguma forma de método dramático. Mas o Jogo Dramático Infantil é primordialmente valioso na preparação da personalidade para a cooperação nos estudos.

33. *Como é que este trabalho se aplica na primeira fase da escola secundária?*

Para as primeiras séries é difícil incluí-lo por causa de premência de tempo, e muitos professores acham que crianças inteligentes não precisam dele. Isto é um erro, pois mesmo a pessoa talentosa e inteligente é em parte uma criança também, e sem dúvida perderá alguma coisa sem esse treino. Elas podem se tornar espertas e capazes, mas bem pouco sadias no que se refere ao julgamento moral, mais tarde, na vida. Há também aquelas que foram mal-orientadas ou sofrem de falta de confiança em si mesmas, por terem se atrasado nos estudos. O Jogo Dramático Infantil é essencial para estas. As Universidades estão começando a indagar o que fazer com jovens que se especializaram a tal ponto que a outra parte das suas mentes ficou subdesenvolvida. Estão começando a perceber que muito treinamento importante deixou de ser feito em algum ponto. O drama que eu recomendo para crianças entre doze e dezoito anos pode ser aplicado no começo do secundário, especialmente na esfera do drama social. Mas mesmo quando se considera apenas o padrão de produção na sua apresentação formal de teatro, por que razão deve uma criança inteligente perder o treino apropriado que o seu irmão ou sua irmã estão recebendo de modo mais generalizado, agora, em outras escolas? Mesmo jovens profissionais estão começando a recebê-lo, também.

34. *E o mesmo não se aplicaria também às escolas preparatórias, colégios internos e escolas particulares em geral?*

Sim, algumas associações representativas dessas escolas já estão solicitando cursos; e, em algumas delas, jogos dramáticos muito estimulantes e imaginosos já estão sendo feitos, agora. Os responsáveis já começaram a perceber que as crianças ainda são crianças e desabrocham com a oportunidade criativa natural. E continuam passando nos exames.

35. *Quando foi que o Sr. começou a pensar em drama como terapia?*

Por volta de 1926. Comecei a desenvolvê-lo mais no exterior, com auxílio de conselhos especializados, e parti para experiências sérias em 1931, continuando o seu desenvolvimento, com aconselhamento médico, de 1938 a 1941. Durante esse tempo, senti que o que eu já percebera anos atrás estava comprovado, isto é, que prevenir é melhor do que curar; e que a introdução de métodos simples de jogo dramático no currículo escolar normal traria um desenvolvimento feliz e natural, com um considerável efeito equilibrador sobre o caráter, a formação da confiança em si mesmo, e a melhoria no rendimento escolar e na aquisição do gosto em geral.

Mas, desde 1953, tenho novamente dedicado mais tempo à delinqüência e aos desajustamentos.

36. *O Sr. pode fazer sugestões sobre o valor curativo do drama?*

Crianças que sofrem de pesadelos podem ser ajudadas a encarar seus pavores por meio do jogo dramático, e os sonhos podem desaparecer depois disso.

Crianças e adultos que sofrem dores muitas vezes poderão, durante o jogo dramático no qual representam uma estória, executar movimentos que não conseguiriam fazer a sangue frio. Pensar em outra coisa as ajuda. A conscientização do seu feito lhes traz esperança e confiança, e a indução real do movimento pode ser necessária para a cura.

A construção da confiança em si mesmo por meio da representação de pequenas cenas, como ter que entrar numa loja para fazer compras, também é útil, depois de certas formas de tratamento. O paciente pouco a pouco reencontra a coragem para enfrentar o mundo de novo.

Crianças retardadas ou perturbadas conseguem se liberar através do drama criativo e, depois disso, freqüentemente se misturam de novo com os companheiros, após perceberem que se saíram perfeitamente bem na dança e na representação.

Uma oportunidade legítima para *vivenciar* um personagem que o persegue ou o tenta, especialmente durante a adolescência, pode evitar que um jovem se transforme num "personagem" na vida real. Eles enfrentam e escolhem desta forma, a sua via de conduta.

O jogo dramático é usado como diagnóstico auxiliar em clínicas de orientação infantil e também, em parte, com propósitos curativos. Eu acho que o uso mais amplo do drama provará ser de grande valor como prevenção de problemas diversos, mesmo à parte da terapia.

37. *O Sr. recomenda máscaras para as crianças pequenas?*
Sim, ocasionalmente. Meias-máscaras são melhores, porque deixam livres os olhos e a boca e mesmo assim oferecem uma experiência fascinante. Máscaras inteiras ajudam as crianças tímidas, mas são muito quentes. As máscaras sem nariz são mais frescas, e há um deleite especial para cada criança em escolher de que cor pintar o próprio nariz.

38. *O Sr. acredita em maquilagem para crianças?*[1]
Às vezes. Deixe que elas desenvolvam sua própria forma de arte nessa área e não lhes dê instruções até que elas comecem a fazer perguntas – ao redor dos doze anos ou mais. A arte infantil na maquilagem está por vezes ligada à ação que a precede ou segue em forma de Jogo Dramático Infantil. Uma pode estimular a outra. Outro aspecto da maquilagem infantil é como pintar um quadro – a representação teatral não entra nisso de todo. Mas borrões vívidos, listas e padrões podem ser colocados no rosto. Permita isso.

39. *As crianças podem fazer sua própria música?*
Sim, e isso pode ser muito mais desenvolvido, adiante. Quando as crianças experimentam especial deleite numa experiência de drama ou de dança, elas fazem sons para se acompanharem. É uma "explosão" espontânea, individual ou do grupo. Elas também fazem deliciosos instrumentos musicais próprios. Sem dúvida, logo aparecerão livros sobre Música Infantil.

40. *Existe alguma associação na qual se possa entrar, que ajuda professores, pais e atores a saber mais sobre o Jogo Dramático Infantil e o teatro imaginativo em geral, e que possa aconselhar sobre o desenvolvimento desse trabalho?*
Qualquer pessoa interessada em maiores informações deve escrever para mim diretamente, a/c do "The Education Office", Birmingham, Inglaterra, ou através do "International Theatre Institute."

---

1) Máscaras e maquilagem são extensamente comentadas em "Child Drama".

www.gruposummus.com.br